周易 礼记 孝经 心经 金刚经 净土三经 六祖坛经 黄帝内经 孔子家语 颜氏家训 淮南鸿烈 传习录 近思录 围炉夜话 左传 战国策 史记 汉书 后汉书 三国志 资治通鉴 盐铁论 贞观政要 山海经 水经注 人物志 论语 孟子 老子 庄子 墨子 孙子兵法 韩非子 大学 中庸 荀子 管子 列子 鬼谷子 商君书 吕氏春秋 诗经 楚辞 唐诗三百首 宋词三百首 元曲三百首 古文观止 世说新语 徐霞客游记 梦溪笔谈 搜神记 东坡志林 三字经 百家姓 千字文

周易礼记孝经心经金刚经净土三经六祖

坛经黄帝内经孔子家语颜氏家训淮南鸿

烈传习录近思录围炉夜话左传战国策史

记汉书后汉书三国志资治通鉴盐铁论贞

观政要山海经水经注人物志论语孟子老

子庄子墨子孙子兵法韩非子大学中庸荀

子管子列子鬼谷子商君书吕氏春秋诗经

楚辞唐诗三百首宋词三百首元曲三百首

古文观止世说新语徐霞客游记梦溪笔谈

搜神记东坡志林三字经百家姓千字文

而静，天之性也；感而后动，性之害也；物至而

形者，生之舍也；气者，生之充也；神者，生之制也。一失位，则三者

太一者，明于天地之情，通道德之伦。

心于道术。治之所以为本者，法度也。制度阴阳，大制有六度，

知者不以利害义。

无为者，寂然无声，漠然不动，引之不来，推之不往。

天静以清，地定以宁，万物失之者死，法之者生。

人之身也；六合之内，一人

知道者，见柔懦者侵，

凡得道者，形不可得而见，名不可得而扬。太

而弗宰。井鱼不可与语大，拘于隘也；夏虫不

吾知道之可以弱，可以强；可以柔，可以刚；可以阴，可以阳；可以窈，可以明；可以包裹天地，可以应待无方。所谓无为者，不先物为也；所谓无不为者，因物之所为。

明堂之制，静而法准，动而法绳。法者，非天堕，非地生，发于人间而反以自正。国之所以存者，

万物失之者死，法之者生。万物之本也，载无也；为者，不能有也；

见柔懦者侵，则矜为刚毅；

仁义是也；人之所以生者，行善是也。国无义，虽大必亡；人无善志，虽勇必伤。物盛而衰，乐极则悲，日中而移

不言之教。与道为际，与德为邻；不为福始，不为祸先。大道无形，大仁无亲，大辩无声

所谓道者，体圆而法方，背阴而抱阳，左柔而右刚，履幽而戴明，变化无常，得一之原，以应无方，是谓神明。所谓四义者，便国不

兵，为主不顾身，见难不畏死，决疑不辟罪。

则天与之时；廉俭守节，则地生之财；处愚称德则圣人为之谋。

天也；循理受顺，礼乐而不制于礼乐。而利民为本；政教有经，至人之治也，形与性调，动而理通。

人莫之能分。祸之来也，人自生之；福之来也，人自成之。祸与福同门，利与害为邻，

虽大必亡；人无善志，虽勇必伤。物盛而衰，乐极则悲，

水静则平，平则清，清则见物之形，弗能匿也，故可以为正。以小见大，以近喻远。仁者不以欲伤生，

淮南鸿烈

名誉主编◎饶宗颐
导读及译注◎潘树仁

中信出版社·CHINACITICPRESS ·北京·

出版说明

为什么要阅读经典？道理其实很简单——经典正是人类智慧的源泉、心灵的故乡。也正因如此，在社会快速发展、急剧转型，也容易令人躁动不安的年代，人们也就更需要接近经典、阅读经典、品味经典。

迈入二十一世纪，随着中国在世界上的地位不断提高，影响不断扩大，国际社会也越来越关注中国，并希望更多地了解中国、了解中国文化。另外，受全球化浪潮的冲击，各国、各地区、各民族之间文化的交流、碰撞、融合，也都会空前地引人注目，这其中，中国文化无疑扮演着十分重要的角色。相应地，对于中国经典的阅读自然也就拥有了不断扩大的潜在市场，值得重视及开发。

于是也就有了这套立足港台、面向海内外的“中信国学大典”的出版。希望通过本套丛书的出版，继续搭建古代经典与现代生活的桥梁，引领读者摩挲经典，感受经典的魅力，进而提升自身品位，塑造美好人生。

中信国学大典收录中国历代经典名著近六十种，涵盖哲学、文学、历史、医学、宗教等各个领域。编写原则大致如下：

（一）精选原则。所选著作一定是相关领域最有影响、最具代表性、最值得阅读的经典作品，包括中国第一部哲学元典、被尊为“群经之首”的《周易》，儒家代表作《论语》、《孟子》，道家代表作《老子》、《庄子》，最早、最有代表性的兵书《孙子兵法》，最早、最系统完整的医学典籍《黄帝内经》，大乘佛教和禅宗最重要的经典《金刚经·心经·坛经》，中国第一部诗歌总集《诗经》，第一部纪传体通史《史记》，第一部编年体通史《资治通鉴》，中国最古老的地理学著作《山海经》，中国古代最著名的游记《徐霞客游记》等等，每一部都是了解中国思想文化不可不知、不可不读的经典名著。而对于篇幅较大、内容较多的作品，则会精选其中最值得阅读的篇章。使每一本都能保持适中的篇幅、适中的定价，让大众都能买得起、读得起。

（二）尤重导读的功能。导读包括对每一部经典的总体导读、对所选篇章的分篇（节）导读，以及对名段、金句的赏析与点评。导读除介绍相关作品的作者、主要内容等基本情况外，尤其强调取用广阔的国际视野和当代眼光，将这些经典放在全球范围内、结合当下社会生活，深入挖掘其内容与思想的普世价值，及对现代社会、现实生活的深刻启示与借鉴意义。通过这些富有新意的解读与赏析，真正拉近古代经典与当代社会和当下生活的距离。

（三）通俗易读的原则。简明的注释，直白的译文，加上深入浅出的导读与赏析，希望帮助更多的普通读者读懂经典，读懂古人的思想，并能引发更多的思考，获取更多的知识及更多的生活启示。

（四）方便实用的原则。关注当下、贴近现实的导读与赏析，相信有助于读者"古为今用"、自我提升；卷尾附录"名句索引"，更有助于读者检索、重温及随时引用。

（五）立体互动，无限延伸。配合图书的出版，开设专题网站，增加朗读功能，将图书进一步延展为有声读物，同时增强读者、作者、出版者之间不受时空限制的自由随性的交流互动，在使经典阅读更具立体感、时代感之余，亦能通过读编互动，推动经典阅读的深化与提升。

这些原则可以说都是从读者的角度考虑并努力贯彻的，希望这一良苦用心最终亦能够得到读者的认可、进而达到经典普及的目的。

需要特别提到的是，国学大师饶宗颐先生慨然应允担任本套丛书的名誉主编，除表明先生对出版工作的一贯支持外，更显示出先生对倡导经典阅读、关心文化传承的一片至诚。在此，我们要向饶公表示由衷的敬佩及诚挚的感谢。

倡导经典阅读，普及经典文化，永远都有做不完的工作。期待本套丛书的出版，能够带给读者不一样的感觉。

目录

《淮南鸿烈》导读

潘树仁

自古读书人和学术界都把《淮南鸿烈》一书视为道家哲学理论的总览，或者是一本记录杂家思想的百科全书。对比《吕氏春秋》这部百科全书，《淮南鸿烈》的内容独特，涵盖了天、人、地、神祇、万物等等，建构出一个相关而紧扣的系统，并且阐述了"道"的核心、开展和应用三方面的状况。书中以天文、山林、精神、兵略等事物来阐释大道，贯通天道与人事，有别于《老子》那样讨论道学，也不同于《庄子》用比喻和故事来说明大道的哲学。"道"的哲理是远古中华文化的开端，当时并没有道、儒之别。有一句话说"推儒备道"，意思是推行儒家思想也要装备道学的依据，故此读者们一定要理清这个基本点，才可容易地掌握整个中华哲学的根源，这就是本书要特别呈献的新视野。

本书会用修养身心的视野，助你寻找生

命的意义，并且让你轻松地投入书内，游走于文字之间，与该书的众多作者前辈进行精神交往。本书亦会发掘书中的学问及现代实用的部分，让你感悟大“道”哲理的思维方式及其核心，以此应用于日常生活之中，甚至应用在职场的管理工作里。

一、书名、作者及成书

《淮南鸿烈》成书于西汉，原名《鸿烈》，“鸿”是庞大、巨大的意思，“烈”是“明”及阐明说明的意思。此书是先辈的伟大功劳，后世多称之为《淮南子》或《淮南鸿烈》。至于“淮南”一名，乃源于其编者淮南王刘安（公元前一七九年至公元前一二二年）。刘安是汉高祖刘邦的孙子，他与数千人的智囊团（古称食客或方术之士）一起撰写编纂《淮南鸿烈》，大约在吴楚七王叛乱至汉武帝登位期间成书。刘安的父亲刘长在汉文帝时计划叛变，被发现后遭到流放，最终自杀而死。有学者便认为《淮南鸿烈》编书的时间应该早在刘长时代，乃刘长为了谋夺江山寻找治国之道而编撰的。刘长死后，刘安及其兄弟没有受到牵连，刘安更被文帝册封为淮南王。《汉书·淮南衡山济北王传》一书形容刘安：

淮南王安为人好书、鼓琴，不喜弋猎狗马驰骋，亦欲以行阴德拊循百姓，流名誉。招致宾客方术之士数千人，作为内书二十一篇，外书甚众，又有中篇八卷，言神仙黄白之术，亦二十余万言。时武帝方好艺文，以安属为诸父，辩博善为文辞，甚尊重之。

刘安搜集秦始皇时代散失和秘藏的书籍，加以辑录和整理。《淮南鸿烈》成书之后，刘安便把此书献给汉武帝，以表明期盼国家昌盛和谐，当中《卷二十一·要略》便明确指出希望达到“纪纲道德，经纬人事”，“天地之理究矣，人间之事接矣，帝王之道备矣”，认为要以天地的大道为准则，来维持正确的社会道德秩序，维系人们伦理关系的和谐，作为民众的共同目标。该书编写整理的时代，正值西汉初年文景之治，当时统治者以道家自然无为的思想作为统治国家的指引，期望人民在战国和秦国的战祸后，好好休养生息，于是大力鼓励社会各阶层研究及熟读道家书籍。

《淮南鸿烈》原著有“内书”二十一卷、“中篇”八卷及“外书”三十三卷，内容庞大博杂。当中的“内书”是现存流通的版本，讲解天地大道与社会人事等哲思；“中篇”主要记录修炼神仙的技法，以及驱神除鬼等法术；“外书”已佚，内容已不得而知。清人茆泮林和叶德辉各自收集了一些片段，都是中篇和外书的零星佚文。东汉的高诱曾进行注解，他在《淮南鸿烈集解》的序言中说：

言其大也，则焘天载地；说其细也，则沦于无垠，及古今治乱、存亡、祸福，世间诡异、瑰奇之事。其义也著，其文也富，物事之类，无所不载。

由此可见，《淮南鸿烈》不但论述了宏观的宇宙，还蕴含了皮毛纤小的事，以及奇异怪诞、精彩的事物，而且文辞丰富瑰丽，因此被誉为“构思精密，构想奇特，构造完备”的巨著。

二、历代研究

最早为《淮南鸿烈》做注解的有高诱和许慎，可是后来文稿杂乱了，令人分不清哪些注解出自谁人。不过，《淮南鸿烈集解》仍然是最重要的早期版本。在宋明时代，虽然《淮南鸿烈集解》广泛流传，却没有重大的校正。到了清朝，考据学鼎盛，研究者对《淮南鸿烈》做了仔细的校勘，当中乾隆年间的庄逵吉版本较受欢迎，而朴学大师王念孙对此亦有严谨的校对，其文记载于《读书杂志》。清末则有俞樾的《诸子平议》和孙诒让的《札迻》，他们继承了王念孙的方法，再加以改进和补充。现代学者于省吾的《淮南子新证》和杨树达的《淮南子证闻》都做出了详细的考证阐释。至于刘文典编撰的《淮南鸿烈集解》，勘对广阔，搜罗详尽，被胡适赞扬为“总账式”，成为新中国建国初期研究《淮南鸿烈》的重要参考书。至于较近期的出版有何宁《淮南子集释》、张双棣《淮南子校释》和顾迁《淮南子译注》等，作品各有特色，如果合并起来阅读，则可达到更深入的效果。此外，许匡一所著的《淮南子全译》运用了音韵通转解释文字，理据有力，并提出了具启发性的解读。要研究《淮南鸿烈》，也可以从其他渠道获得思想内涵，例如徐复观的《两汉思想研究》、牟钟鉴的《〈吕氏春秋〉与〈淮南子〉思想研究》和葛兆光的《中国经典十种》等。

历代对于《淮南鸿烈》的研究都有丰富而多角度的观点，值得读者参考。例如宋代史学评论家高似孙在《子略》中评论此书："《淮南》，天下奇才也！《淮南》之奇，出于《离骚》；《淮南》之放，得于《庄》、《列》；《淮南》之议论，出于不韦之流；其精好者，又如《玉杯》、《繁露》之书。"至于研究的主题，主要是研究当中的道家思想和先秦各种杂说两大类。

三、心身修炼

基于开拓新视野，必须重提先秦时人们读书学习的模式，而修炼就是他们学习的重要部分，例如颜回有"坐忘"的功夫，管子亦提到"动则失位，静乃自得，道不远而难极也"。只有静虑、静观、平静，才易于悟道。明代大儒王阳明教导学生半日静坐半日读书，思辨和读书不能过于消耗体能，他认为修炼可以提升体内的正能量，这样才有机会发挥智慧潜能。

《淮南鸿烈》书中有八十四个"静"字，数量颇多，读者阅读此书时，可以心身修炼为切入点，在闲静的状态下，直接感悟书中的道理。关于心身修炼，有似道家最为注重，其实在上古至汉代初年，读书人都会把修养功夫贯彻于书本的学问中，二者不会分割开来；而且儒、道尚未分家的时候，中华文化便采用"道"、"易道"或"大道"等词汇开展古人的哲学理念研讨，并且会系统化地观察万物。一直以来，修炼的技巧以导引术为主流，有外导引的"引体"动功，其次是内导引的"行气"静功。道家学者较注重修炼的技术，多研究身体的健康和变化过程，墨家则侧重个人生活上之刻苦修炼，其他诸子百家则以论述思辨"心性之学"为主，"心斋"或"坐忘"的功夫则放于次要的位置。在庞大的书库里，对于心性的哲理探求，向来有不同的学说，人的心理变幻多端，可善可恶，要修养心境，应多读善书经典，这必然对人有所帮助，这就是古人所讲的"心宽体胖"。

在《淮南鸿烈》一书中，亦多处提到修炼养神的重要性及作用，例如《泰族》篇说："治身，太上养神，其次养形；治国，太上养化，其次正法。"这里很清楚地指出修炼比治国更为重要。其实治理个人自身，根本就是"养神"的气学精神修炼功夫，精神境界的提升可使身体健康，提升智慧。有了健康的身体，便可以把事情做得更好，而且在身心提升的过程中，也可以感悟变化的道理，对治事治国都有帮助。治国的最高目标，是引导和教育人民修养道德及维护公义，从而让每个人的气质有所变化提升，内化而达到有道德修养，成为一位良好的公民。至于法律则较为次要，只有罚戒的功用。这就是传统"身国同治"的修炼方向。此外，《淮南鸿烈》对于修炼亦有一些见解，如《齐俗》说："今夫王乔、赤诵子，吹呕呼吸，吐故内新，遗形去智，抱素反真，以游玄眇，上通云天。今欲学其道，不得其养气处神，而放其一吐一吸，时诎时伸，其不能乘云升假，亦明矣。"这里指出如果"时诎时伸"，没有持久恒常修炼，便没有良好结果。

要读书追寻智慧，必须要内外配合，对外应避免被事物冲昏头脑，对内要稳定自己的神气，炼神养气，这样才可以开通闭塞的窍门，明悟天地的真理智慧。《精神》篇便重申修炼精神的重要性，并做出提示。虽然《淮南鸿烈》看似没有具体的功法，但当中其实有许多指导性的原则，是高层次的修炼方法，也是内外相合的实践成果。

往后发展的修炼方法有"丹功"或"性命双修"，而道家最后确立了"性命之学"，"性"是智慧心境，"命"是身躯肉体。"性命双修"即是心身同时锻炼，是现代养生文化和医学气功界普遍推行的方向。这种身心并炼的理解，也切合于现代西方身心语言学（NLP）的理论，由此可见中西文化确实有共通的地方。

四、主要思想内容

《淮南鸿烈》的内容丰富，其所涉及的内容包括哲学史、诸子思想、儒道思想的比较、政治主张、神话的理解、文学特质、混沌与宇宙本体、阴阳哲理、人事组织、管理学、天人关系思想、兵学策略等等。当中以"道"为最主要的核心内容。文中的"道"有多种意义，且有不同的引申，读者可加以揣摩，以转化为日常实际应用的道理。

（一）《淮南鸿烈》的"道"

1."道"是天地万物的本体及整体

夫道者，覆天载地，廓四方，柝八极，高不

可际，深不可测，包裹天地，禀授无形。原流泉浡，冲而徐盈，混混滑滑，浊而徐清。（《卷一·原道》）

"道"包罗了天地所有事物，是万物的本体及整体。现代人在抉择人生道路时，不要只考虑个人的生命本体意义和价值，还要顾及整体性，包括家庭和亲友，以至社会和国家，甚至是人类和宇宙大历史的宽广层面。

2."道"是宇宙的创生源头，联系着天、人、地的主轴

夫精神者，所受于天也；而形体者，所禀于地也。故曰："一生二，二生三，三生万物。"（《卷七·精神》）

"道"是宇宙的源头，它生成了一，一是天，二是地，三是万物。"道"又是联系着天、地、人的主轴，人的精神灵性乃来自天的最完备能量，而人的形体结构则符合大地；人类顶天立地，管理着大地的物类，"道"可以在宇宙人间循环运行，生生不息。在现代社会，人们常常热烈地谈论环保的问题，提倡节俭消费，其实当中的核心原则便是人与天地的关系。天、人、地是互相联系的，人类的举措除了会直接影响到天空和大地外，也会影响未来，因此人必须维护宇宙创造时的自然生态，才不会破坏天、人、地的循环秩序。

3."道"是宇宙和所有事物的运行规律、范围及进行程序

夫太上之道，生万物而不有，成化像而弗宰，跂行喙息，蠉飞蠕动，待而后生，莫之知德；待之后死，莫之能怨。（《卷一·原道》）

"道"虽然衍生了万物，但却不是万物的拥有者，也不是物质的本身，它只是生产过程中所运行的规律。然而一切生物都不能离开大道的范围，没有大道的方程式，就不能有生生死死的循环系统。在道的运行下，春夏秋冬四季活动正常，动植物的生长可得到优良的培育，可是在现代社会中，许多人为的活动都扰乱了大道的规律，例如工厂在生产过程中所产生的污染物造成了酸雨，影响生态；又如人类大量使用化学饲料、防腐剂等，导致肉类和蔬菜受到污染，人类食用后便会影响健康和体质。这些都是人类自己惹的祸，破坏了大道的活动规律。

4."道"是宇宙最高最终的哲理、真谛和真理

太清之始也，和顺以寂漠，质真而素朴，闲静而不躁，推移而无故，在内而合乎道，出外而调于义，发动而成于文，行快而便于物。其言略而循理，其行侻而顺情，其心愉而不伪，其事素而不饰。（《卷八·本经》）

在宇宙的开始，"道"展示了最高最终的哲理状态：它和顺、寂静、质朴，闲逸宁静而不急躁，任凭事物自然推演。而圣人在内会配合大道的不变原则，在外演化成仁义，少言而合于大道天理，顺应

人情，不做虚伪的行为，自然朴素而不用修饰。当人顺应这种自然态势运动，必定会增加大智慧，获得幸福美满的人生。

5.“道”是最高尚的道德规范

圣亡乎治人，而在于得道；乐亡乎富贵，而在于德和。知大己而小天下，则几于道矣。（……）是故得道者，穷而不慑，达而不荣，处高而不机，持盈而不倾；新而不朗，久而不渝；入火不焦，入水不濡。是故不待势而尊，不待财而富，不待力而强，平虚下流，与化翱翔。（《卷一·原道》）

“道”是最标准最高尚的道德规范，是人类修养德行的规矩法则。这就像正确而无形的人生大路，人如能走在此路，便是有道德的圣人。圣人不在乎坐上高位管治人民，而是希望得到高尚的道德；他们不会因为获得财富而快乐，只希望以良好的德行修养与大众同乐。此外，他们明白修养高尚的道德才是正确的人生大路，这比得到天下的名利更为重要，即使贫穷，他们都不会慑服于名利的诱惑和武力的威吓之下。假如名利增多了，他们不会炫耀个人的光荣，反而会在没有特殊势力的情况中获得别人的尊敬。即使没有巨大的财富，他们仍能够运用充足的资源服务社会人群。这种不为名利的人生目标，使现代人必须重新思索自己应该选择和开拓哪一条人生新道路。

6.“道”是万物的自然活动力量和潜能

是故圣人守清道而抱雌节，因循应变，常后

而不先。柔弱以静，舒安以定，攻大靡坚，莫能与之争。（《卷一·原道》）

“道”是宇宙一切事情和物类的自然活动力量和潜能，人如能守持着清静的大道，修炼着精神养气功夫，不争先恐后，柔弱虚静，便能应变万事万物，有强大的力量，并且获得胜利或达到目标。现代人只要清楚了解自然活动的力量所在，好好培养及发挥潜能，便可在人生路上化险为夷，开拓生命的新道路，成就非凡的功业。

7.“道”是主宰一切的最高力量

故达于道者，不以人易天，外与物化，而内不失其情。至无而供其求，时骋而要其宿。小大修短，各有其具，万物之至，腾踊肴乱而不失其数。是以处上而民弗重，居前而众弗害，天下归之，奸邪畏之。以其无争于万物也。故莫敢与之争。（《卷一·原道》）

“道”是主宰一切事物的最高力量，人不能改变天理道理，只可顺随。“道”这种巨大的能力无处不在，天下人都信仰（类似宗教式的信仰），而奸邪的人则会畏惧，没有人敢与这种权能争斗。“道”不是简单的神性宗教，它的主宰力量统领着人间和天地的事物。

（二）《淮南鸿烈》的“无为”观

1. 不违本性，顺从自然

《淮南鸿烈》的“无为”观，并非一般人认为不做任何事的想法，它其实是指不去阻挠身心的自然反应，不去阻碍人性自然的美善，让日常生活更自在。《卷一·原道》说：

无为为之而合于道，无为言之而通乎德，恬愉无矜而得于和，有万不同而便于性，神托于秋豪之末，而大宇宙之总，其德优天地而和阴阳，节四时而调五行。

意思就是要依从“道”、“和”，在没有目的及压力之下做事，顺乎身心，让所做的事情合乎大道，不使用做作的言语，发挥出人性自然的美善。因为顺从天性，便会自然遏止不公平正义的事件发生，或救济弱小社群，这种善良的行为便是真正的功德。

2. 君臣异道，以“无为”驭“有为”

“无为”同样用于治国，君主必须用“无为”的态度做事和驾驭下臣的“有为”，《卷九·主术》中说：

人主之术，处无为之事，而行不言之教。清静而不动，一度而不摇，因循而任下，责成而不劳。是故心知规而师傅谕导，口能言而行人称辞，足能行而相者先导，耳能听而执正进谏。

君主应实行无为之治，不须以言语说教，只须循着自然法规来任用下属，以自己的言行做模范，教导朝臣和老百姓，坚守不干扰方式。君主依法治国，选用贤臣明士，避免动摇群臣依法行事的工作方针，各人都负上应有的责任，国君就能达到无为而治的境界，国家也会一片祥和融洽。

现代人开始明白返璞归真的自然无为生活，不过部分人只明白外在的大自然，没有反观自身中的自然天地，其实人们应顺着体内的小天地，配合大天地，自然地活动起居，令生命舒畅，这样才是真正的无为而为。本书将会提供这方面的解读，让人们从新的视野阅读经典，找回自然无为的道理，从而兼顾内外合一，天人合德，通达心身天人一体的大道。

五、用语赏析

现在流行的版本，全书共分二十一卷，实际有二十篇，上册有十三篇，下册有七篇，相传上册为高诱所注，下册为许慎所注，故有上下分册的编排，最后一卷为《卷二十一·要略》，即是重要的概略大纲，总括了全书的内容。大纲放在最后，是汉代以前的方式，例如《史记·太史公自序》也是如此编排的。

语言文字是重要的表达方式，读者不妨研究《淮南鸿烈》的用语多寡，以探讨文章想表达的深层义理。全书共十五万八千多字，平均一卷约七千五百四十五字。最长一卷是《人间》，共一万二千六百余字，最短一卷《览冥》共三千六百多字，超过一万字的有四卷。相比之下，《老子》只有约五千字，《淮南鸿烈》比它的字数多三十倍，也比《庄子》多逾一倍。此书大部分内容都在《老子》及《庄子》之上有所发展，是研究道家思想的重要著作，不可忽略。以下统计了《淮南鸿烈》的字词使用次数，可供大家参考：

	字词	使用次数
名字	老子	五十七
	孔子	五十二
	舜	五十二
	尧	四十七
字	道	六百一十六
	心	三百〇六
	德	三百
	义	二百二十二
	气	二百二十一
	性	一百七十三
	和	一百四十六
	礼	一百四十二
	仁	一百一十四
词语	君子	七十四
	天子	六十二
	仁义	五十六
	精神	三十九
	道德	二十八

笔者非常重视此书使用文字的技巧，而现代西方亦设有语言分析哲学的科目，如要深入了解和研究《淮南鸿烈》的文字，将会牵涉到很多相关的问题，例如该时代的语言结构、文字的理解等，因此笔者在这里只能做一个引子，希望引起读者留意，然后做出深入的探讨。从表面的词语应用数量观察，本书倾向于展现道德仁义君子的大道，并且希望审视人类哲理的源头，引申出中华传统文化"道"的本体。

六、《淮南鸿烈》的现代价值

经典的存在价值在于它蕴含先贤的智慧，而这些智慧对于现代社会仍然非常有用，具有现代的价值，故此很多人争相研读经典。只要懂得基本的"大道"哲理思想，便可以明悟《淮南鸿烈》内所述说的智慧，并能加以运用。

现代社会重视物质享乐，万物纷陈；另一方面，人们又用法律条文控制人的外在行为，割裂自己的身心联系，更切断了人与天地的关系，而《卷一·原道》却清楚指出：

万物有所生，而独知守其根；百事有所出，而独知守其门。故穷无穷，极无极；照物而不眩，响应而不乏，此之谓天解（即知晓天然的道理）。

人们身处于庞大而复杂的现代社会，要找出应付的办法，可从《淮南鸿烈》得到启示。这里用广阔的事物把人与社会的事件联系在一起，提醒人要回归大道一体的亲密关系，并要明白万事万物的根本在于"道"。当面对百事变迁时，要懂得守着门户，即抓紧道的原则作为行为的指引，从而解决现代人面对的大量困扰。

此外，《卷五·时则》又提到：

绳者，所以绳万物也；准者，所以准万物也；规者，所以员万物也；衡者，所以平万物也；矩者，所以方万物也；权者，所以权万物也。

“规、矩、准、绳、权、衡”是六种规范标准，很多人就认定规矩准绳是科学的标准，于是坚持个人的价值判断。然而《淮南鸿烈》却提示现代人，不可单一使用客观科学的标准，而要因应时间和空间，兼顾当时社会的大众公义价值，权衡各方面的相关情况，并做出恰当的调整和配合，以得出最合适的选择。

另一方面，现代人忽略保养心身健康、修炼养静的方法，同时又面对林立的商品，以及种种引诱人们尽情吃喝玩乐的营销广告，结果导致精神消耗。人们浪费金钱之后，又拼命赚钱，耗费了精神健康。在《卷七·精神》中说：

静则与阴俱闭，动则与阳俱开。精神澹然无极，不与物散，而天下自服。故心者，形之主也；而神者，心之宝也。形劳而不休则蹶，精用而不已则竭，是故圣人贵而尊之，不敢越也。

这里道出了古今人们的状况，以及圣人如何避免“蹶”与“竭”。现代人必须反省一下养静修炼的功夫有没有现代的价值，以及精神的价值与物质带来的短暂快乐，哪一种有较高价值?

除了修养心身外，《淮南鸿烈》中有关君主与臣下关系的思想，也对现代人在管理公司或待人接物时有重要的价值。《卷九·主术》说：

夫人主之听治也，清明而不暗，虚心而弱志。是故群臣辐凑并进，无愚智贤不肖，莫不尽其能。

现代教育水平不断提高，管理人员大多都有很高的学历，不过人总有弱点，视野上或许会有所疏漏，故此公司的总裁或总经理必须“听治”，多聆听各方面的意见，保持清明的心境，虚心请教老前辈的意见，切忌恃才傲物；此外，也不可随便显露个人的观念和计划，应先让下属表达不同的见解，“无愚智贤不肖”，不计较他以往是智是愚，对事不对人，因为下属随时会有最优秀的方案。

最后，《卷一·原道》说：“是故天下之事不可为也，因其自然而推之；万物之变不可究也，秉其要归之趣。”这里提醒人必须细心观察事物的“自然”进化过程，以了解事情发展的结果。人类的智慧，永远都不可能彻底明白万物改变的机制，人只须让事物自然地继续演变，以了解未来发展的趋势，这样才更为重要。

七、本书说明

现时坊间的版本，每卷或用“某某训”作为篇目，例如《卷七·精神训》，但清代人姚范指出，“训”字是：“高诱自名其注解，非《淮南》篇名所有，即诱《序》中所云‘深思先师之训’也。”由此可见，“训”字是后人所加，高诱原注也没有“训”字，故本书也删去“训”字。

另一方面，本书在每一卷挑选了重要的段落做注释，白话译文会尽量以现代思维表达原有的文字，以顺序为脉络，融合古今的语法，用直译方式为主，希望贴近原作。例如“道”字，会译为“大道”、“道德”或“道理”。至于节选文本的方针则以“道”为主线，至于有关《老子》的篇幅则尽量减少，避免重复。而赏析与点评部分，则会拉阔一点视野，让读者有通识关联的了解。此外，这部分也会透视书中的重点及要旨，希望读者能够玩味书中的美句，并选择当中精警的语言，成为自己做人做事的座右铭，以此作为修心养性或锻炼心平气和的指导性原则。

淮南江东

淮南鸿烈

淮南江烈

淮南鸿烈

卷一　原道

本卷导读

本卷所述的“道”是中华思想文化的根本和开端，也是《淮南鸿烈》的宗旨。“原道”有原始原本的特殊意义，是诸子百家共通的基石，不可取代。本卷指出道是开始，在空间上和形态上都没有限制及定义，它有无限的发挥空间和扩张领域，可以从微细的根基拉开至天际穹苍的无尽处，也可以从宽阔的宇宙回归到微末的根源，由此可见，道的来往广大。

夫道者，覆天载地，廓四方，柝八极[1]，高不可际，深不可测，包裹天地，禀授无形[2]。原流泉浡[3]，冲而徐盈[4]，混混滑滑[5]，浊而徐清。故植之而塞于天地[6]，横之而弥于四海；施之无穷而无所朝夕，舒之幎于六合[7]，卷之不盈于一握[8]。约而能张，幽而能明，弱而能强，柔而能刚，横四维而含阴阳，纮宇宙而章三光[9]。甚淖而滒[10]，甚纤而微。山以之高，渊以之深，兽以之走，鸟以之飞，日月以之明，星历以之行，麟以之游，凤以之翔。

注释

1 柝（tuò）八极：开拓四方和四角位置。

2 禀授：给予。

3 浡：水涌出的状况。

4 冲：器皿内没有物品的空虚形态。

5 滑滑：水流急促的样子。

6 植：直立、竖立。

7 幎：帐幕，指全面覆盖。六合：上下加上四方，成为六个向度。

8 一握：形容手心一合的微小容量。

9 纮：维系。

10 淖（nào）：柔弱。滒（gē）：粥多汁，这里指柔和。

译文

道，覆盖着天承载着地，向四方扩展，开显为八极，高不能到达边缘，深不能够测量，包裹着天地，给予无形的力量。道好像清泉涓涓地涌流出来，慢慢充实宇宙，进而急促奔流，从混浊逐渐变得清澈。故此道直立时能充塞于天地之间，横放时能布满四海，无穷地扩展而不分早晚，舒展时笼罩着上下四方，收卷在手心时又不满一把。当受到约束时，它能扩张，当幽深暗淡时，它又能够光明四射地显现，能弱能强，又柔又刚，纵横定位于四方，蕴藏着阴阳，维系宇宙运行的纲领，彰显日、月、星三光。道好像甚为湿润，充满水分，纤细柔顺而微小。高山深渊，走兽飞鸟，日月的照耀，星宿和历法的运行，麒麟和凤凰的翱翔遨游，都在大道之内。

赏析与点评

宇宙的事物是不停地转变的，因此“弱而能强，柔而能刚”。我们不能永远死守在弱的地方或强的地方，要明白变化规律，融合其中，调整自己去适应这种自然变化。很多人都不明白为什么要守弱？道的智慧就是知道弱会转强，智者守在弱处，不是无聊地等待，而是在做准备功夫，刻苦地锻炼身心，磨砺出更高的智慧。当时机转到眼前，便可充分发挥刚强的能力，得到最好最优的结果。

夫太上之道，生万物而不有，成化像而弗宰，跂行喙息[1]，蠉飞蠕动[2]，待而后生，莫之知德；待之后死，莫之能怨。得以利者不能誉，用而败者不能非。收聚畜积而不加富，布施禀授而不益贫。旋县而不可究，纤微而不可勤。累之而不高，堕之而不下，益之而不众，损之而不寡，斫之而不薄[3]，杀之而不残，凿之而不深，填之而不浅。

注释

1 跂（qí）行：指用脚行走的动物。跂，脚。喙（huì）息：指用嘴呼吸的动物。喙，嘴。

2 蠉（xuān）飞蠕动：指飞翔和爬行的昆虫。蠉，虫类飞翔的样貌。

3 斫（zhuó）：砍伐。

译文

最高的大道，它生化万物而不自私拥有，变化成为物像而不去主宰它们，奔走的走兽，飞翔的禽鸟，爬行、蠕动的昆虫，都靠道而生，却不知道感恩戴德；它们因道而消失、死亡，也没有埋怨道。靠道得到利益而不赞誉，因道而失败也不非议。积聚增加财物不会致富，布施救济他人不会令自己更贫穷。它十分细微难以研究，极端微细难以探寻根本，堆积不会变高，推倒它不能使它塌下，增加却不会有过多的情况，损毁它不会减少，刀砍它不会变薄弱，伤害它也不会令大道受伤害，开凿不会令它深陷，堆填不会令它变浅。

赏析与点评

这里提出的“无生有”概念，并非指“无”是一种存有，无就是无，有是“自生”的，所以“无生有”是时间概念的进程。“道生万物”，道似无似有，而“生”的运动则是无为有为的自然恍惚。意思即是大道圆融一体，无内无外，万物并生而不相悖。

是故天下之事不可为也，因其自然而推之；万物之变不可究也，秉其要归之趣[1]。夫镜、水之与形接也，不设智故，而方圆曲直弗能逃也。是故响不肆应，而景不一设，叫呼仿佛，默然自得[2]。人生而静，天之性也；感而后动，性之害也[3]；物至而神应，知之动也。知与物接，而好憎生焉。好憎成形，而知诱于外，不能反己，而天理灭矣。故达于道者，不以人易天，外与物化，而内不失其情。至无而供其求，时骋而要其宿。大小修短，各有其具，万物之至，腾踊肴乱而不失其数。

注释

1 要归：重要发展的依归。趣：同“趋”，方向。

2 默：王念孙作“黭（àn）”，刘文典亦认为后人少见“黭”，而以意改作“默”。本指感觉不到，不知不觉地轻轻呼吸，这里指在不知不觉间有事情在活动。

3 害：外貌、表象。“害”字是“容”字之误。

译文

故此天下的事不可以做作，须顺着事情的自然发展来推动进行；万物的变化不可以凭人的智慧去探究，掌握事物的发展趋势便引导其走向归宿。用镜子和清水映照对象，不需要人的智慧，而方、圆、曲、直的形状影像都能如实反映。所以回声不是肆意制造，影子不是为对象而特别设置的，回音呼响着，影子晃动，是在不知不觉中产生的。人天生喜欢静，是天生的性情；对事物产生感觉之后动了欲望，这是天性的表象；与事物接触而精神加以应对，良知活动起来；良知与事物接触，便产生爱好和憎恶之心。爱好憎恶形成标准，而良知受外来物质诱惑，不能返回自己的本性，因而天性天理被消灭了。故此通达得道的人，不会用人力改变天性，外表与事物一同变化，却不会失去内在的性情。道是最虚无的，却可以供应一切需求，它不停地运动，却主宰着事情的发展和归宿。大小长短各种形态，道都充分地具备了，万物的发展繁杂，动态纷陈，却始终不会离开道的范围。

赏析与点评

作者指出“人生而静，天之性也”，人只要保持内心清静，不改变天道天性的活动，身体便能与外界事物结合，适应环境，内心也不会失去真性情，因为万物的变化都有数理的程序。由此可见，人若要得道修道，不应离弃人道，因为离开人间隐居也不一定能晓悟大道的智慧。

故任一人之能，不足以治三亩之宅也。修道理之数，因天地之自然，则六合不足均也。是故禹之决渎也[1]，因水以为师；神农之播谷也，因苗以为教。夫萍树根于水，木树根于土，鸟排虚而飞，兽跖实而走[2]，蛟龙水居，虎豹山处：天地之性也。两木相摩而然，金火相守而流，员者常转，窾者主浮[3]：自然之势也。是故春风至则甘雨降，生育万物，羽者妪伏[4]，毛者孕育，草木荣华，鸟兽卵胎，莫见其为者，而功既成矣；秋风下霜，倒生挫伤[5]，鹰雕搏鸷[6]，昆虫蛰藏，草木注根，鱼鳖凑渊[7]；莫见其为者，灭而无形。木处榛巢[8]，水居窟穴；禽兽有艽[9]，人民有室；陆处宜牛马，舟行宜多水。匈奴出秽裘[10]，于、越生葛絺[11]，各生所急以备燥湿，各因所处以御寒暑，并得其宜，物便其所。由此观之，万物固以自然，圣人又何事焉！

注释

1 决渎：疏通河道。决，疏通。渎，河流。

2 跖（zhí）：踩，用脚走路。

3 窾（kuǎn）：空，中间被挖空。

4 妪（yǔ）伏：雀鸟蹲下孵卵。

5 倒生：指植物，所有植物都是从地面向空中生长，故形容是倒生。挫伤：指植物落叶凋零。

6 搏鸷（zhì）：鸟类突然猛力攻击搏斗。

7 鳖（biē）：这里泛指水中有壳类生物。凑：聚集。渊：水很深的地方。

8 榛（zhēn）巢：与“橧”相通，筑巢。

9 艽（wán）：禽兽洞穴中所铺垫的树叶或干草。

10 秽：仍然带有血腥臭味的污秽对象。裘：用动物皮毛制成的衣服。

11 葛絺（chī）：用粗糙的葛纤维织造成的布料，清凉干爽。

译文

故此任凭一个人的才能，不足以管治三亩的大宅。修习道理的规律，依据天地的自然法则，天地上下也不难管治。所以大禹治理洪水，以水的性质和流动为老师；神农播谷耕种，用禾苗的生长规则作为教导。浮萍的根生在水里，树木的根生在土壤里，雀鸟排开虚空的气流飞翔，兽畜脚踏地上走动，蛟龙居住在水中，虎豹安处在山中，这都是大道的天性。两块木板互相摩擦会燃烧，金属遇到猛火会熔解流动，圆形物体会转动，中间挖空的木材会浮在水面，都是自然之势。因此春风来到会降雨，万物得以生长，有羽翼的鸟类会孵卵，有皮毛的兽类会育胎，草木生长茂盛，鸟兽孵卵怀胎，看不到大道做了什么，但它的功能已经完成了。秋风吹拂，开始降霜，植物凋零，飞鹰大雕与鸷鸟扑击猎物，昆虫找地方隐藏，草木把营养注入根部，鱼鳖相继潜进深渊；看不见大道做了什么，万物却销声匿迹于无形之中。依树木而住的会建巢窝，依水而居的会建洞穴，禽兽有禾草的巢穴，人民有房室被盖，陆地适宜牛马生活，舟船的航行适宜水深，匈奴出产粗陋的皮衣，吴越生产凉爽的夏布。各自生产所急需的物品，以准备应对燥湿不同的环境，各地因应不同处境来抵御寒暑的气候，并且配合得当，物类都能被当地的人采用，各得其所。由此可见，万物本来就是自然地生长，圣人又有什么事情可以做呢？

赏析与点评

多元化的社会就像多元化的大自然，每件事物都会合宜地运作不息，这就是和谐的理想社会。可是人类为了发展，不断破坏大自然的平衡，使环境出现严重的问题，例如酸雨、水源污染等，人类必须及早反思这些行为，尽快改善。

是故达于道者，反于清净；究于物者，终于无为。以恬养性，以漠处神，则入于天门。所谓天者，纯粹朴素，质直皓白，未始有与杂糅者也。所谓人者，偶䁟智故[1]，曲巧伪诈，所以俯仰于世人而与俗交者也。

注释

1 偶䁟（chá）：通“隅差”，邪曲有偏歪，不正直。智故：用思想计谋的机巧，做出虚伪诈骗的行为。

译文

故此通达的得道之人，返回清静；探究事物的人，最终顺应自然而不造作。以憩息调养性情，以淡泊守持精神，则可以进入天道的门户。所谓“天然”，是纯粹的朴素，本性率直而洁白，从来没有与其他杂质糅合在一起。所谓“人为”，是指邪曲不正，弄巧曲伪而欺诈，在世上随波逐流，与俗人同流合污。

赏析与点评

得“道”的人会返回清静的天性，虽然仍旧在物质中生活，但他们的心境却任运自然，淡泊而不造作。天、人有所差异，这段提醒大家要有理想“入于天门”。

故牛岐蹄而戴角，马被髦而全足者，天也；络马之口，穿之牛鼻者，人也。循天者，与道游者也；随人者，与俗交者也。夫井鱼不可与语大，拘于隘也；夏虫不可与语寒，笃于时也[1]；曲士不可与语至道，拘于俗、束于教也。故圣人不以人滑天[2]，不以欲乱情；不谋而当，不言而信，不虑而得，不为而成；精通于灵府，与造化者为人。

注释

1 笃：困阻，局限。

2 滑天：滑，通“汩”，水流急而乱的现象，指扰乱。

译文

故牛蹄分叉而头生角，马生出鬃毛而足蹄完整，这都是天生的；用缰绳络住马口，用环穿过牛鼻，这都是人为的。依循天然规则，是与“道”同游；跟随人为的事物，是与俗世混杂交往。对着井底的鱼，无法跟它讲述大海，因为它们被局限于狭隘的环境里；对着夏天的昆虫，无法跟它讲述寒冷，因为它们受到季节的限制；对着浅薄的人，无法跟他讲述大道，因为他们受俗世的价值观所拘束，并为世俗的教育条框所束缚。故此圣人不用人为的事扰乱天道，不因欲望扰乱天性；不用谋划就能行事妥当，不多说话就得人信任，不假思虑就能得心应手，不矫揉造作就能事业有成；他的精神贯通于心灵，以大道造化的法则作为做人的指南针。

赏析与点评

当人观察自然和人类的行为，细心明辨大自然的造化，不执着或强行，就会明白圣人的行为是恰当而自然的。人无须刻意造作，因为“不为而成”，不为利益而做事，在没有压力下工作，成功的机会便越大，获得的利益也会出乎意料。

夫善游者溺，善骑者堕，各以其所好，反自为祸。是故好事者未尝不中，争利者未尝不穷也。昔共工之力[1]，触不周之山[2]，使地东南倾。与高辛争为帝[3]，遂潜于渊，宗族残灭，继嗣绝祀。越王翳逃山穴[4]，越人熏而出之，遂不得已。由此观之，得在时，不在争；治在道，不在圣。土处下，不在高，故安而不危；水下流，不争先，故疾而不迟。

注释

1 共工：传说是炎帝的后裔，又名康回，相传为水神。

2 不周山：古代传说中的山名。

3 高辛：黄帝的后裔，受封于辛，姬姓，号高辛氏，以亳（现在的河南省登封）为首都。传至颛顼为首领时，打败共工，成为部落盟主。

4 越王翳（yì）：战国时期的越国君王，公元前四一一至公元前三七六年在位。他做太子时因不想成为君王，于是逃入山中，越国人民用烟火熏，逼迫他出来做君王。

译文

善于游泳的人会溺毙，精于骑术的人会堕马，各人都因为自己的爱好特长，反而招致祸殃。故此好管闲事的人，没有不被中伤的；争夺利益的人，没有不变贫穷的。从前共工力大无穷，他以头撞不周山，使大地向东南方倾侧。他与高辛争夺帝位，失败后潜入深渊下，他的宗族被残杀消灭，子孙都断绝了。越王翳做太子时不想做越王，逃入山中穴谷，越国人用烟火熏逼迫他出来，最后他不得已出山承继王位。由此可见，得到（事物或利益）在于时间恰当，不在于争夺；治国在于依循大道，不一定由圣人管治。泥土在地下，不争着到高地，故此安稳而没有崩塌的危险；水向下流淌，不争先恐后，故此流得快速而不会迟缓。

赏析与点评

为什么“善游者溺”？人性有不少弱点，当人才艺出众便会变得骄傲，且希望突出自己的长处，被胜利冲昏了头脑，这样往往会疏于安全防备，容易发生意外。相反，保持心境平和谦厚，自会福来祸消。

是故圣人内修其本，而不外饰其末，保其精神，偃其智故[1]，漠然无为而无不为也，澹然无治也而无不治也。所谓无为者，不先物为也；所谓无不为者，因物之所为；所谓无治者，不易自然也；所谓无不治者，因物之相然也。

注释

1 偃（yǎn）：停止，放下，不暴露。

译文

所以圣人向内修养本性，而不会在外修饰微末的事物，保卫自己的精神，熄灭其巧诈的机心。清虚淡泊不做作，实际上能够无所不做。恬淡而不治理事情，实质上能够把事情治理得非常妥善。所谓“无为”的意思，是指不在事物活动之前而做出行动；所谓“无不为”，是指因应事物的活动趋势而做事；所谓“无治”，是指不改变自然的道理及性质；所谓“无不治”，是指顺着事物的变化规律，相应地去治理。

赏析与点评

现今的人，大多忽视了内在的精神修养，而急切地希望成功获利。只有内心平静，保持精神充盈，有高度的警觉性，并且懂得调节平稳情绪，才能细心观察事物的自然变化，培养出智慧，高瞻远瞩，轻易地解决难题。

故得道者志弱而事强，心虚而应当。所谓志弱而事强者，柔毳安静[1]，藏于不敢，行于不能，恬然无虑，动不失时，与万物回周旋转，不为先唱，感而应之。是故贵者必以贱为号，而高者必以下为基。托小以包大，在中以制外，行柔而刚，用弱而强，转化推移，得一之道，而以少正多。所谓其事强者，遭变应卒，排患扞难[2]，力无不胜，敌无不凌，应化揆时[3]，莫能害之。是故欲刚者必以柔守之，欲强者必以弱保之。积于柔则刚，积于弱则强，观其所积，以知祸福之乡。

注释

1 毳（cuì）：通“脆”，易碎。

2 扞（hàn）：通“捍”，抵抗，抵挡。

3 揆（kuí）时：能够揣测的时机，审时度势。

译文

所以得道的人意志柔顺而办事能力强，心境谦虚而应付恰当。所谓“志弱而事强”，是指心态柔和安静，把自己藏在不敢妄动之中，行为上似乎不能应付，恬淡自然而无忧虑，行动却不会失去时机，与万物来回变化，不会先行倡导，只会跟随运动而去应和。所以高贵的人必定自称卑贱的名号，高尚的人必定以低下的事务为基础。寄托在微小的地位，可以包容广大，在中间的位置，可以控制外围的事情，行事看起来柔弱而实际上刚强。微弱的力量可以坚持强韧，顺随事理转动变化推演移位，获得“一”这个“道”理，能够以少数变成更多的好处。所谓“事强”，是指遭遇变故，应付突发事件，排除祸患，抵挡灾难，他的力量都能够胜利，敌人全部被制服，适应变迁，审时度势，没有什么能伤害他。所以想要刚劲，必定持守柔和；想要强大，必定用软弱自保。积聚柔和便会刚强，积聚软弱就会强大；观察积聚的状况，便可以知道祸福的趋向。

赏析与点评

很多人都认为反应快速敏捷才是优秀的，可是学道刚巧相反。学道重在准确，不用太过急促，而且必须学习原本的道理，找到根本的所在，才能解决问题。因此要虚怀若谷，放宽心胸来容纳更多的意见和智慧。假如要做强者及领袖，志愿便要柔弱，明白“积于柔则刚，积于弱则强”的道理，在下层扎稳根基，让志向随着能力而提升，不执着于眼前的小成功，这样成就便会越来越大。

天下之物，莫柔弱于水，然而大不可极，深不可测，修极于无穷，远沦于无涯，息耗减益，通于不訾[1]。上天则为雨露，下地则为润泽，万物弗得不生，百事不得不成；大包群生而无好憎，泽及蚑蛲而不求报[2]，富赡天下而不既[3]，德施百姓而不费，行而不可得穷极也，微而不可得把握也，击之无创，刺之不伤，斩之不断，焚之不然，淖溺流遁[4]，错缪相纷而不可靡散。利贯金石，强济天下，动溶无形之域，而翱翔忽区之上[5]，邅回川谷之间[6]，而滔腾大荒之野。有余不足，与天地取与，授万物而无所前后。是故无所私而无所公，靡滥振荡，与天地鸿洞[7]，无所左而无所右，蟠委错紾[8]，与万物始终。是谓至德[9]。夫水所以能成其至德于天下者，以其淖溺润滑也。

注释

1 不訾（zǐ）：不能计算其数量的庞大。訾，指量，数量。

2 蚑蛲（qí náo）：微细的小虫。

3 赡：充足。

4 淖溺：柔弱的水性。

5 忽区：模糊不明的天际。

6 邅（zhān）回：徘徊不前进。

7 鸿洞：弥漫充满无尽的空间。

8 蟠（pán）委错紾（zhěn）：弯曲迂回盘旋。

9 至：达到最高的境地。

译文

世上万物，最柔弱的便是水，然而水大得不能穷尽，深得不可测量，长得流到无穷无尽的极地，远得流淌到无边际之处，消耗或减损，以至水量的增加，都不能计量。水气蒸发上天成为了雨水云露，落到地面则润泽大地，万物没有水不能生长，所有事情得不到水便不能成功。宽大包容所有生物，而没有好憎爱恶，惠泽小虫而不求回报，它使天下富足却又用不尽，它的善德施予百姓而不会耗损，人不知道它流动的终极尽头，它细微得难以把握在手里。攻击它却没有创伤，刺戳它不会留下痕迹，斩砍它不能切断，火烧它不会燃烧。它仍然柔和微弱地流动，纠缠纷杂，不会散乱分开。水锋利可以贯穿金属和石块，强大的力量通行天下。水流可以无形无影地溶解经过的地方，又可以翱翔于穹苍之上，盘旋在山川谷洼之间，滔滔奔腾在荒野中。有剩余或不足时，都会从天地自然中或取或舍，给予万物恩泽不分先后次序。因此它既没有私念，也没有公心，它汹涌振荡，与天地相连，没有左也没有右，曲折迂回，水道纵横交错，与万物共始同终。这就是至高无上的德的境界。水之所以能够在天下之间成就至高无上的德性，是因为它微细柔弱的渗透方式，润滑滋养一切生灵。

赏析与点评

作者仔细描述水的各样特性，以“水”比喻“道”。这个比喻，已往甚少人留意，不过在一九九三年十月于湖北省郭店出土的战国楚地竹简里，其中一篇《太一生水》便同样阐述了水的特性。该文约三百字左右，是各家经典中最早谈到物质性的“水”，它与《淮南鸿烈》同样指出水蕴藏着天地大道的哲理，并通过观察水性的物质现象来“悟道”，领会玄妙神化的思维道理。通过恬静柔弱的水，可以领悟到拙巧、余白、无为、养性、重生等等大道的智慧。

以下总结了文中有关水的物质特性，只要明白了水的大道含意，便能够领悟到最高的道的境界。

一、水性柔，可以无限变化任何形状，适合任何外在环境。

二、水性弱，可以接受委屈，同时积聚力量而变成刚强，力大无穷。

三、海水深不可测，有如圣人的智慧深远宽广。

四、水无穷无尽，充满了无边际的玄穹，可以循环于宇宙空间（例如以水蒸气的形态存在于宇宙间）。

五、水有多种形态，例如水有气态的水蒸气、液态的雨水和固态的冰，只有水这种物质兼具三种形态。水的分量不会减少，因它一直循环在水文圈内不会消失。

六、万物都要以水作为生存条件。

七、不论污浊和洁净，水都会包容，不会排斥任何物类。

八、水的高尚道德是“润下”，水滋润一切而不求回报。

九、水可渗透到最微细的地方，攻无不克，高山不能阻挡，利剑不能击伤，不能被破坏拆散，它迂回曲折的能力最强，能够默默地前进，因此水必定能达到目标。

十、水的耐性成就一切，可以滴水穿石，用时间用柔韧的集中力切割钢铁。

夫无形者，物之大祖也；无音者，声之大宗也。其子为光，其孙为水，皆生于无形乎！夫光可见而不可握，水可循而不可毁，故有像之类，莫尊于水。出生入死，自无蹠有，自有蹠无，而以衰贱矣！是故清静者，德之至也；而柔弱者，道之要也；虚无恬愉者，万物之用也。

译文

没有形状，是万物的始祖；没有音韵，是声响的祖宗。无形的儿子是光，它的孙子是水，光和水都是从无形生出来的！光可看得到却无法紧握，水可以跟循却不能被毁灭。故此有形象的物类，以水最为尊贵。水以外的各种有形物类，都有产生至衰亡的过程，即由无到有，又由有到无，最终都衰亡而被贱视。所以清静的状态，是德的最高境界；而柔和软弱，是大道的重要特征；虚静无待恬淡愉悦的原则，可应用在万物当中。

赏析与点评

水是一种有形体的物质，但它不能被毁灭。本段对光和水的观察，完全符合现代的物理学理论。水蕴含着宇宙最大最好的原始特性，人类必须特别尊重和爱护。

所谓无形者，一之谓也。所谓一者，无匹合于天下者也。卓然独立，块然独处，上通九天，下贯九野。员不中规，方不中矩，大浑而为一叶，累而无根，怀囊天地[1]，为道开门，穆忞隐闵[2]，纯德独存，布施而不既，用之而不勤。是故视之不见其形，听之不闻其声，循之不得其身，无形而有形生焉，无声而五音鸣焉，无味而五味形焉，无色而五色成焉。是故有生于无，实出于虚，天下为之圈，则名实同居。

注释

1 怀囊：囊括，怀有一切。

2 穆忞（mín）隐闵：无形无影隐蔽的形态，指无形之物。

译文

所谓无形，就是达到混一的状态。所谓混一，就是无所不包含于天地的范围。它超卓地独立，单一地独处，向上通达最高的九重天，往下贯通广大的九野。它圆圆的，可是不能用规来量度，它方方的，却不能用矩来测量。庞大浑和为一，不断积累而无穷尽。它胸怀天地万物，是大"道"的门户。有秩序而无形无影，纯粹的道德独立地存在，惠泽万物而无休止，运用的时候也不会太忙碌。故此人看不见它的形状，听不到它的声音，触摸不到它的身躯，无形的大道产生出有形，无声的状态却诞生了五音，无味却产生了五味，没有颜色却混合成五种色彩。故此"有"来自于"无"，"实"来自于"虚"，把天下当作一个大圈，那么"名"与"实"都在里面。

道者，一立而万物生矣。是故一之理，施四海；一之解，际天地。其全也，纯兮若朴[1]；其散也，混兮若浊。浊而徐清，冲而徐盈，澹兮其若深渊，泛兮其若浮云[2]；若无而有，若亡而存。万物之总，皆阅一孔；百事之根，皆出一门。其动无形，变化若神；其行无迹，常后而先。是故至人之治也，掩其聪明，灭其文章，依道废智，与民同出于公。约其所守，寡其所求，去其诱慕，除其嗜欲，损其思虑。

注释

1 朴：未加工成为器具的木材原料。道家思想比喻为天真、笃厚、简单而厚重的纯朴内涵，形容为“朴素”、“朴拙”、“简朴”。

2 泛：飘浮。

译文

大道，在定立“一”的规律以后，万物便跟着产生了。故此“一”的道理施行四海都准确；解构“一”的原理，便知晓宇宙的运行。大道整全的时候，纯洁朴素；扩散的时候，混沌得好像污浊一般。它由混浊慢慢变得清晰，由虚空渐渐充满。淡泊时有如深渊，飘浮时有如浮云；好像无却是有，好像死亡却是存在。万物的总览，都由“一”这个小孔看到；百事的根源，都由“一”这个门户开展出来。道活动时无形无踪，变化有如神灵；道行事没有痕迹，时常在后面，却忽然领先。故此道德最高的人管治天下，会闭目塞听，消灭自己的纹彩，依循大道而废弃智虑，对民众一律出于公义之心。约束自己的职守，减少自己的要求，摒去诱惑的追寻，除掉无穷的欲望，削减自己的思虑。

赏析与点评

文中指出“一”是大道的整体，要明白何谓“道”，必须从整体宏观去观照事物，切勿分割来看，这样才可以理解万物的变幻。至于西方的客观分析方法，着重于细小部分的分析解构，从而了解事件，或者给出一些客观的暂时性标准，不过这难以理解宇宙大道的全部智慧真谛。

故心不忧乐，德之至也；通而不变，静之至也；嗜欲不载，虚之至也；无所好憎，平之至也；不与物散，粹之至也[1]。能此五者，则通于神明。通于神明者，得其内者也。是故以中制外，百事不废；中能得之，则外能收之。中之得，则五藏宁，思虑平，筋力劲强，耳目聪明，疏达而不悖，坚强而不䝩[2]，无所大过而无所不逮。处小而不逼，处大而不窕[3]。

注释

1 粹：纯美无杂质。

2 䝩（guì）：折断。

3 窕：不充满而有间隙，形容“道”及得道者精神的浩大。

译文

故此心境没有忧愁与快乐，便达至德的最高境界；贯通事物而不变动，便达至清静的最高意境；尝嗜物欲而不拥有，便达至虚无的最高境界；没有爱好和憎恶，便达到平淡的最高意境；不追寻外物的分散幻变，便是聚合神粹的最高境界。能够达到这五种状态，就能贯通于精神明觉；通于精神明觉的人，便能获得内在修养。故此以内心控制外面的情况，百事都不会废败；心性修养成功，就能保养外形；心性修养成功，便能令五脏安宁，思想平和，筋骨力增强，耳朵和眼睛变得聪明，思想通达而不混乱，意志坚强而不会折断，没有太过头的，也没有做不了的事情。在小的地方不会感到窘迫，在大的地方不会感到无边无际。

赏析与点评

“德”、“静”、“虚”、“平”、“粹”，是五种修养的气度，当精神心性回归天性的境界，即是修炼到天人合一的状态。古人认为“神明”是宇宙的精神清明，不等同于神灵：神灵主宰和控制人们，而通于“精神清明”是指契合天地的精神，令精神明朗，是一种自然而逍遥自在的无约束状态。

是故不待势而尊，不待财而富，不待力而强，平虚下流，与化翱翔。若然者，藏金于山，藏珠于渊，不利货财，不贪势名。是故不以康为乐，不以慊为悲[1]，不以贵为安，不以贱为危，形神气志，各居其宜，以随天地之所为。

夫形者，生之舍也；气者，生之充也[2]；神者，生之制也[3]。一失位，则三者伤矣。是故圣人使人各处其位，守其职，而不得相干也。故夫形者非其所安也而处之则废，气不当其所充而用之则泄，神非其所宜而行之则昧[4]。此三者，不可不慎守也。

注释

1 慊（qiàn）：不足，因不满足而怨怼悲愤。

2 充：充满人体的物质，能支撑人的生命。

3 制：主宰。

4 昧：愚昧昏庸，精神不清明的状态。

译文

故得道的人，不靠势力便受人尊敬，不靠钱财便富有，不靠力量便强大，平淡谦虚与低下阶层融和，亦可化作飞禽而翱翔天际。像把金钱储藏于山中，把珠宝隐藏在深海，不接受货物钱财的利益，不贪图势力名位。因而不把健康当成快乐，不为物质不足而悲愤，不因身份尊贵而安逸，不因身份低贱而有危险，形躯、精神、血气、意志都各得其所，以随着天地的变化而有所作为。

形躯，是与生俱来的生命住所；气能量，是生命的支柱；精神，是生命的控制枢纽。一旦失去本位，三者便会同时受损。故此圣人让形、气、神各安本位，恪守本职，而且不得干扰其他部分。所以形躯如果处于不安稳的环境便会衰败，气能量如不恰当地流动，使用时便会泄漏消耗，精神如不适宜地活动，行为就变成愚昧昏庸。形、气、神三种要素，不可以不谨慎守护。

夫精神气志者，静而日充者以壮，躁而日耗者以老。是故圣人将养其神，和弱其气，平夷其形，而与道沉浮俯仰。恬然则纵之，迫则用之。其纵之也若委衣[1]，其用之也若发机[2]。如是，则万物之化无不遇，而百事之变无不应。

注释

1 委衣：衣服自然垂下的样子，比喻幽静虚心的状态。

2 发机：发动古代的机械性弓弩，比喻敏捷快速。

译文

精神、气血如果平静而且每天补充，身体便强壮，如果心烦气躁，便会日渐消耗能量而加速老化。故此圣人调养自己的精神，调和抑制气血，平稳移动形躯，与大自然同步升降浮沉。恬静的时候放开身心，受到压迫时则使用调息气血精神的方法。放开的时候犹如衣服自然下垂，运用的时候就像机弩发动那样快速敏捷。这样，万物的变化没有不相合的，百事变迁没有不能应付的。

赏析与点评

这里清楚指出修养精气神对身心健康和获得大道智慧都有多方面的裨益。

卷二　俶真

本卷导读

“俶”是开始、开端的意思；“真”是真实、纯真的意思，是“道”的内涵的主要素质。本卷以得“道”为目标，说明如何养性存神，以达到天人合一的境界。此外，本卷亦阐述了具备德行的基本客观标准，解释“贤人”、“圣人”、“真人”的不同之处：“贤人”只按着做事原则，辅助圣人；“圣人”在不同时代会有不同的德行表现，目标都是建构理想和平大同的社会；至于“真人”则了解大道，明白事物的变迁，以至生死的问题和时空的机遇，他们有看透事物的能力，并且能顺着事物的自然规律做出响应，显示“真人”行道的历程。本卷对于儒墨两派“缘饰诗书”的虚伪，加以讥讽，是《卷一·原道》的延续，可说是其姊妹篇，两卷结合就是全书的总纲。卷首描述了宇宙的起源变化，提出返璞归真、无为而治的主张。

有始者[1]，有未始有有始者[2]，有未始有夫未始有有始者[3]。有有者[4]，有无者[5]，有未始有有无者[6]，有未始有夫未始有有无者。所谓有始者，繁愤未发[7]，萌兆牙蘖[8]，未有形埒垠堮[9]，无无蠕蠕，将欲生兴而未成物类。

注释

1 有始者：即天地万物开始的时候。有，物类，名词。这里用倒序的方法去描写天地宇宙的演化和发展。

2 有未始有有始者：本句第一、二个“有”字，做动词；第三个“有”字与第一句的“有”字相同，同为“物类”的意思。全句意思是，在还没有物类开始发生的时候。

3 有未始有夫未始有有始者：指在没有物类开始之前的时期，即比第二句所指的时间更早的时期。这个时期天地混沌，万物未生。首三句说明了天地初开到万物出现的经过。

4 有有者：第一个“有”做动词，第二个“有”做名词，指真实存在的物类。

5 无：万物以外浩大的空间。

6 有未始有有无者：指万物与浩大空间正孕育着分化的阶段。

7 繁愤：不断积聚。未发：未向外散发。

8 萌：草木发芽。兆：刚刚开始。牙：同“芽”，草木的初生嫩芽。蘖（niè）：生长出枝芽。

9 形埒（liè）：清楚的形状。垠堮（yín è）：边界。

译文

（天地演化的倒序有三个阶段：）万物开始的时候；还没有物类发生的时候；没有物类发生之前的时候。（从万物变化的全过程里有三个阶段：）万物及空间已形成的时候；万物和空间尚未形成的时候；万物和空间尚未形成之前的时候。所谓“有始者”，指穹苍里众多能量还未散发出来，就像幼芽刚刚萌芽，天地未分样子朦胧，一切好像在茫茫地蠕动着，将要生化兴盛而物类尚未形成。

夫圣人用心，杖性依神，相扶而得终始，是故其寐不梦，其觉不忧。古之人有处混冥之中[1]，神气不荡于外，万物恬漠以愉静，搀枪衡杓之气莫不弥靡[2]，而不能为害。当此之时，万民猖狂，不知东西，含哺而游，鼓腹而熙[3]，交被天和，食于地德[4]，不以曲故是非相尤，茫茫沉沉[5]，是谓大治。

注释

1 混冥：天地开始，朦胧不清的黑暗情况。

2 搀（chān）枪：彗星。衡杓（sháo）：妖气。搀枪衡杓都是指不祥之兆。弥靡：弥漫分散。

3 熙：嬉戏。

4 地德：指五谷。大地厚德载着万物，供人类使用。

5 茫茫沉沉：庞大宽广的样子。

译文

圣人使用心智时，依杖天性和精神，互相扶持依存，得到始终的循环。故此圣人睡觉时不做梦，睡醒了没有忧伤思虑。古代有人生活在混沌黑暗之中，但精神元气不会流荡于外间，万物安然幽恬，愉悦宁静；彗星的妖邪精气虽弥漫分散，却没有对人类造成灾害。就在此时，万民没有拘束，不知道方向，一边吃着食物一边游荡，拍着肚皮要乐嬉戏，享受着天地间泰和的精神，享受自然大地的恩德，不用委曲诈伪和是非互相怼怨，大地庞大宽厚，国家得到良好的治理。

于是在上位者，左右而使之[1]，毋淫其性；镇抚而有之，毋迁其德。是故仁义不布而万物蕃殖[2]，赏罚不施而天下宾服。其道可以大美兴[3]，而难以算计举也。是故日计之不足，而岁计之有余。夫鱼相忘于江湖，人相忘于道术。古之真人，立于天地之本，中至优游，抱德炀和，而万物杂累焉，孰肯解构人间之事，以物烦其性命乎！

注释

1 左右：控制和管理。

2 蕃：通“繁”。

3 美：应为“筴”字，即“策”，数。兴：列举。

译文

于是在上位主政的人，虽然使唤下属工作，但不扰乱他们的天性；镇守安抚四方，占有他们，但不改变他们的德性。所以仁义不施，而万物都自然繁衍昌盛，不行赏罚，而天下都折服。这种管治之道，可以从大的方面列举，却难以计算清楚。故此以短时间来看，其效果并不明显，但是长远来看就功效卓著。好像鱼忘记生活在江河湖海里，人忘记在大道中生活。古代的真人，立足于天地的根本上，凭着中和之气，胸怀悠闲，拥抱至德，感受暖和，而万物各自运行，哪有人愿意干预人间的事，让外物烦扰自己的性命呢？

赏析与点评

大道无须巧用心计，仁义的哲理也不用多说，因为“仁义不布而万物蕃殖”，人自然有纯和的良知。至于“真人”不会被事物烦扰，原因是“孰肯解构人间之事，以物烦其性命乎”，他们明白如果缠绕在人间的是非之中，不单只说不清道理，还可能会伤害性命。

是故以道为竿，以德为纶[1]，礼乐为钩，仁义为饵，投之于江，浮之于海，万物纷纷，孰非其有？夫挟依于跂跃之术[2]，提挈人间之际，撢掞挺挏世之风俗[3]，以摸苏牵连物之微妙，犹得肆其志，充其欲，何况怀瑰玮之道，忘肝胆，遗耳目，独浮游无方之外，不与物相弊摋[4]，中徙倚无形之域，而和以天地者乎！

注释

1 纶（lún）：丝质的钓竿绳。

2 挟依：依赖。跂跃：指旁门左道的邪术。

3 撢（dǎn）：引。掞（yǎn）：削尖。挺挏（dòng）：从上往下丢。撢掞挺挏，形容小人钻营谋私的丑态。

4 弊摋（shā）：杂糅。

译文

故此圣人用大道作为钓竿，以道德作为丝线，以礼乐作为鱼钩，以仁义作为鱼饵，投入江河里，漂浮在海面，各种鱼鳖纷纷上钓，哪有可能不归他拥有呢？小人依赖玩弄歪邪的谋术，拉拢人际关系，在庸俗世间中百般钻营，用取巧的手段得到微利，洋洋得意地宣扬，满足自己的欲求，更何况有些心怀珍贵的大道的人，忘记生命，丢弃欲望，独自云游于无限广远之地，不与万物混杂纠缠，在遨游中倚靠无形的领域，而融和于天地中。

今夫积惠重厚，累爱袭恩[1]，以声华呕苻妪掩万民百姓[2]，使知之欣欣然人乐其性者，仁也；举大功，立显名，体君臣，正上下，明亲疏，等贵贱[3]，存危国，继绝世，决挐治烦[4]，兴毁宗，立无后者，义也；闭九窍[5]，藏心志，弃聪明，反无识，芒然仿佯于尘埃之外[6]，而消遥于无事之业，含阴吐阳，而万物和同者，德也。是故道散而为德，德溢而为仁义，仁义立而道德废矣。

注释

1 袭：重复、重迭，承袭。

2 声华：良好华美的声誉。呕苻（fú）：抚养培育。妪掩：爱抚养育。

3 等贵贱：所用礼仪不同，尊敬的心则平等。

4 挐：牵引，杂乱。

5 九窍：即口、鼻、耳、眼、肛门、阴道。这里指情欲、物欲。

6 仿佯：无约束地游荡。

译文

积聚重大宽厚的恩惠，慈爱恩德惠及民众，以声誉及荣耀庇荫万民百姓，使他们欢欣过活，人人快乐地显现自己的真性情，这就是“仁”。建立大功勋，立下显赫的名誉，使君臣亲如一体，扶正上下的关系，阐明亲疏远近，平等礼待贵贱有别的人，拯救将亡的国家，继续灭绝的朝代，决断处理复杂及烦扰的事务，复兴被毁的宗庙，择立后继无人的承继者，这就是“义”。禁绝情欲，隐藏心机，抛弃聪明，返璞归真，茫然地游荡在俗世以外，身心逍遥于没有作为的道中，调息阴阳之气，与万物融和大同一体，这就是“德”。故此大道一旦分散就只靠德，德流失之后就只能施行仁义，仁义被树立起来，就代表道、德被忘记废弃了。

赏析与点评

仁，通达于所有人类的心性，人能借此感通他人的喜乐苦恼；义，一般会受个人的生活环境所局限，促使人行正义。人一旦以丰功伟业为目标，便会忽略自我内在的道德修养，可能会变成自大自骄的成功者。

是故圣人呼吸阴阳之气，而群生莫不颙颙然仰其德以和顺[1]。当此之时，莫之领理[2]，决离隐密而自成[3]。浑浑苍苍[4]，纯朴未散，旁薄为一，而万物大优[5]，是故虽有羿之知而无所用之[6]。

注释

1 颙颙（yóng）：向上仰慕的样子。

2 领理：治理。

3 决离：疏导。隐密：没有丝毫痕迹，自然而然。

4 浑浑苍苍：天地开始时，万物混沌迷糊。

5 优：多。

6 羿：传说中尧帝时代的神箭手后羿。

译文

故此圣人只需呼吸天地阴阳的气息，群众和物类都一起景仰他的道德，顺服归依。这个时候，无须谁的治理和引导，万物自然形成。天地开始时混沌迷糊，纯朴的天性没有消散，磅礴浩瀚之气集中为一体，而万物繁盛众多，因此，即使有后羿的智慧也没有发挥的机会。

赏析与点评

在管理学上，上司对下属有太多指点，下属只能服从。如果上司放手让下属发挥，并且暗中协助疏导困难，下属便可发挥自己的潜能，他们的工作自然会有更佳的成果。

是故圣人之学也，欲以返性于初，而游心于虚也[1]。达人之学也[2]，欲以通性于辽廓，而觉于寂漠也。若夫俗世之学也则不然，擢德攓性[3]，内愁五藏[4]，外劳耳目，乃始招蛲振缱物之毫芒[5]，摇消掉捎仁义礼乐[6]，暴行越智于天下，以招号名声于世。此我所羞而不为也。是故与其有天下也，不若有说也[7]；与其有说也，不若尚羊物之终始也[8]，而条达有无之际。

注释

1 虚：没有物质的欲望，虚空阔大的心境。

2 达人：知天命，贯通天地而通达人伦。

3 擢（zhuó）：取得，取去。攓：卷缩。

4 藏：脏。

5 招蛲：纠缠。振缱：绸缪、缠绵，不忍分离的情状。

6 摇消：摇动。掉捎（shāo）：摇，抖动。这里形容仁义礼乐奔走忙碌，不能实行。

7 说：古字同“悦”，快乐、愉悦。

8 尚羊：古字“倘佯”，安闲自在地徘徊。

译文

故此圣人学习，是想返回初始朴素的状态，轻松游荡的心存活在虚无的境界。通达人伦的学习，想把本性贯通于无边辽阔之中，觉悟大道于寂静淡漠里。世俗的人学习则有所不同，他们摒除道德天性，在内思索忧愁，伤害五脏，在外让眼睛耳朵劳损，缠绕不休地纠缠于毫末的微利，为仁义礼乐而奔走忙碌，显露出诈谲巧智，欺骗社会，借此在世上获得良好的名声，这些都是我所羞耻而决不会做的行为。因为利用这种方法而拥有天下，不如拥有欢乐；如果拥有短暂的欢愉，不如安闲自在地活在万物的初始状态中，通达于宇宙有无的初始状况。

赏析与点评

现代人求学问，总是希望拿第一名，要比他人强，《淮南鸿烈》却提出“返性于初，而游心于虚”，崇尚天真的性情和高尚的修养，认为个人要有朴素的心态，才易于领悟天地的智慧，通达宇宙的自在，获得最自然的快乐。

是故神者智之渊也，渊清则智明矣；智者心之府也，智公则心平矣。人莫鉴于流沫[1]，而鉴于止水者，以其静也；莫窥形于生铁，而窥于明镜者，以睹其易也。夫唯易且静，形物之性也。由此观之，用也必假之于弗用也。是故虚室生白[2]，吉祥止也[3]。夫鉴明者尘垢弗能薶；神清者嗜欲弗能乱。精神已越于外，而事复返之，是失之于本，而求之于末也。外内无符而欲与物接，弊其玄光而求知之于耳目，是释其照照，而道其冥冥也，是之谓失道。心有所至而神喟然在之，反之于虚则消铄灭息[4]，此圣人之游也。故古之治天下也，必达乎性命之情。其举错未必同也，其合于道一也。

注释

1 鉴：用镜映照。流沫：流动的水泛起泡沫。

2 虚室：指身心。有指内虚室就是身心修炼成虚松的状态。白：比喻道。有指修炼得道时，会生出大智慧，身体会发出巨大光明，身体与房间融为一体，只见白光一团。

3 止：归止，到达目的地而停止。

4 消铄（shuò）灭息：身心的嘈杂声音和呼吸声已经消灭，形容精神祥和宁静。

译文

所以精神是智慧背后的渊源，这精神渊源清澈，智慧就明朗了；智慧是内心的府库，智慧公正则心灵平稳了。人不可以用流水的泡沫映照自己，而必须映照在静止的水面，因为它平静；不能在没有打磨的铁上照出形状，而须在明亮的铜镜前照见影像，因为它平整。唯有平整及平静，才显出物体的真实面目。由此可见，有用的事物必定借助无用的事物了。故此心身得到清白大道，吉祥就会降临。当镜子明亮，尘垢不能玷污遮盖它；精神清澈爽朗，嗜欲也不能扰乱它。如果精神已经超越体外，想使它返回过来，这就失去了根本，而寻求末节。外在和内在不能一致，而想处理好事物，是掩蔽了光明大道，只靠耳目寻求知识，这是抛弃光明而走入黑暗之中，这就称为“失道”。内心向往哪里，精神就热切地跟随；内心返回虚无的境界，嗜欲就会消声灭息，这是圣人的行为。故此古代圣人治理天下，必定通达性命的真情。他们的方法未必相同，但都合乎大道却是一致的。

孔、墨之弟子，皆以仁义之术教导于世，然而不免于儡[1]，身犹不能行也。又况所教乎？是何则？其道外也。

注释

1 儡（lěi）：通“羸”，疲惫。

译文

孔子和墨子的学生，都是以仁义的道理教导世人的，但不免于令身心疲惫，自身都不能实行仁义，又何况要教导他人呢？这是什么原因呢？因为他们用了大道以外的法则。

赏析与点评

《淮南鸿烈》揭示了现代社会的两种老师，第一种就如“孔、墨之弟子”，他们是教导仁义的老师，不过都是纸上谈兵，自身没有修养，这样仁义就变成了死物，学生只会背诵答案，以应付考试；第二种老师则以身为教，他们会自我实践，也有理论提纲，学生能感受到老师的真诚，生命受到影响。现代更出现了一种莫名其妙的现象，人们会以评核来计算道德，可是一个人必须长久地坚持才算得上是真正有道德的君子，而不是读完一本书，做一些评估，马上便成为君子。

若夫神无所掩[1]，心无所载，通洞条达，恬漠无事，无所凝滞，虚寂以待，势利不能诱也，辩者不能说也，声色不能淫也，美者不能滥也，智者不能动也，勇者不能恐也，此真人之道也。

注释

1 掩：损害，因为没有遮掩而受到损害。

译文

假如精神不被损害，内心没有盛载任何事物，心胸通达舒畅，恬静平和，无事牵绊，没有阻滞郁结，虚无寂静地面对生命，那么金钱名誉便不能诱惑他，辩论家不能说服他，声色不能令他淫乱，美好事物不会令他身心放纵，聪明人不能使他动摇，勇武的人不能令他恐惧，这就是真人的大道行径。

静漠恬澹，所以养性也；和愉虚无，所以养德也。外不滑内[1]，则性得其宜；性不动和，则德安其位。养生以经世，抱德以终年，可谓能体道矣。

注释

1 滑：扰乱。

译文

用恬淡寂静的心态，可以修养性情；用和气愉悦的宽广态度，可以培养德行。外物不会扰乱内心，性情就合宜；品性不妄动，德行便安于本分。人能养生来经世行道，怀抱道德来享天年，可说是真正体悟大道了。

赏析与点评

现代养生导引气功学以“松静自然”为第一基本原则，要求心身松弛平静，这与《淮南鸿烈》提出的“静漠恬澹”不谋而合。

古之圣人，其和愉宁静，性也；其志得道行，命也。是故性遭命而后能行，命得性而后能明，乌号之弓、溪子之弩[1]，不能无弦而射；越舲蜀艇[2]，不能无水而浮。

注释

1 乌号之弓：良弓的名称。溪子：亦作“溪”，一说是出产弓弩的国家，一说是居住在山谷的蛮夷所用的弓弩。

2 舲（líng）：小船。

译文

古代的圣人，他和气愉快而心境宁静，保持着天性；他的志向能够顺利发挥，是依循了天命。故此人的天性遇到了天命的配合，才能顺利发挥；天命获得天性的滋润，然后人才能清明，神箭手乌号和溪子虽有弓和弩，但不能没有弦线就射箭；越国和蜀地制造的小船，不能没有水而漂浮。

赏析与点评

圣人虽然修养心性，宁静恬淡，没有情绪激越，但无论怎样，如要发挥志向，都须配合时间和空间。

卷三　天文

本卷导读

本卷依据古代“上考天文”的严格治学态度，探索了无尽的穹苍，并总结了西汉以前的中国星象、天文、历法的知识，介绍宇宙的起源和天体二十八宿的布局。它第一次完整记录了二十四节气的名称，虽然今天看来只是陈旧的科学，但它在天文学历史中却占有十分重要的地位。此外，本卷又记述了阴阳五行和十二个月的历数，演化成古代音乐编制“五音”和“十二律”的过程，成为继往开来的独特历史。

本卷展现了天人模拟相感应的思想，最终统合为中国的“天人合一”理论。内文指出“天有四时”而“人亦有四肢”，“天有九重，人亦有九窍”，说明了人类生命珍贵，人们生存的空间不能离开天地。

天墬未形[1]，冯冯翼翼，洞洞灟灟[2]，故曰太昭[3]。道始生虚霩[4]，虚霩生宇宙[5]，宇宙生气。气有涯垠[6]，清阳者薄靡而为天[7]，重浊者凝滞而为地。清妙之合专易，重浊之凝竭难，故天先成而地后定。天地之袭精为阴阳[8]，阴阳之专精为四时，四时之散精为万物。积阳之热气生火，火气之精者为日；积阴之寒气为水，水气之精者为月；日月之淫为精者为星辰[9]，天受日月星辰，地受水潦尘埃。

注释

1 墬（dì）：同“地”。

2 “冯冯翼翼，洞洞灟灟（zhú）”两句：都是混沌初开无形貌的状态。

3 太昭：即太始，天地有形物的开始。

4 霩（kuò）：同“廓”。

5 宇宙：宇是上下四方的空间，宙是古往今来的时间。

6 气：太极未分阴阳的时候，称为先天，这时的气可称为先天之“炁”，炁就是能量的意义。垠：界限，边际。

7 清阳：指清轻。“阳”同“扬”。薄靡：形容最微小的东西在飞散飘扬。

8 袭：合。

9 淫：过多，过剩。

译文

天地没有形成的时候，混沌无形，迷蒙模糊，故称为太昭。大道开始时是虚空阔大的，虚阔的状态演化出宇宙，宇宙产生大气。大气笼罩着天地直到边际，清明轻扬的气散发成为天，厚重混浊的气聚集停留成为大地。清扬的气合成容易，厚重混浊的凝结较为困难，故此天首先形成，而地则较后才定形。天地结合精气成为阴阳，阴阳的精粹结合成为春、夏、秋、冬四季，四季分散精气成为万物。阳的热气积聚生成为火，火的精华成为太阳；阴的寒气积聚成为水，水气的精华成为月亮；日与月的过剩精气成为了星辰，天承受日月星辰，地承受流淌的水和积集的尘埃。

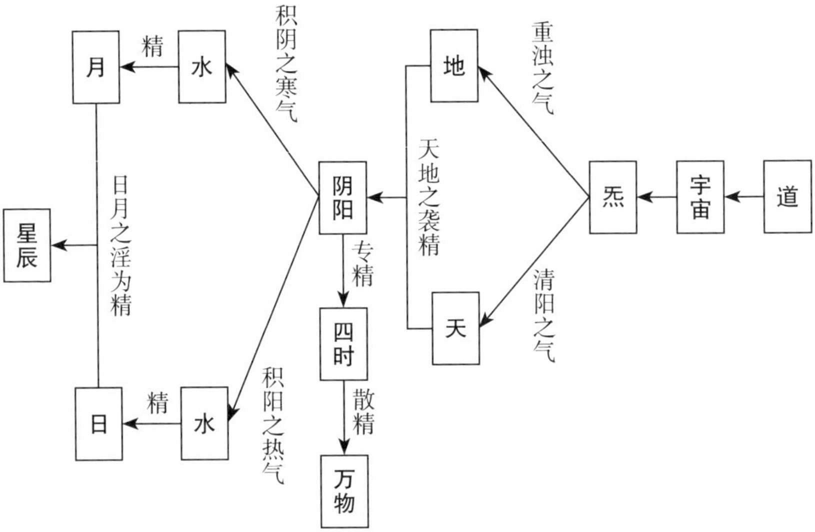

“道”演化万物示意图

天道曰圆[1]，地道曰方[2]。方者主幽，圆者主明。明者[3]，吐气者也，是故火曰外景[4]；幽者，含气者也[5]，是故水曰内景。吐气者施，含气者化，是故阳施阴化。天之偏气，怒者为风；地之含气，和者为雨。阴阳相薄[6]，感而为雷，激而为霆，乱而为雾。阳气胜则散而为雨露，阴气胜则凝而为霜雪。

注释

1 天道：指天的法则、天体结构的运行规律。

2 地道：指地上所有生物体的生存方法和道理。

3 明：光明，或指外在情况，或喻意为阳，与幽为阴相反。

4 外景：外间环境的景况，外在空间有光有火的景物。

5 含：含养内藏。后来被视为修炼气功的方法。

6 薄：交替，迫近。

译文

天道是圆形的，地道是方形的。方正的大地主宰幽暗，圆环的苍天主宰光明。光明就是吐出气，故此火称为外在的景物；幽暗就是含着气，故此水称为内在的景物。吐散阳气是天公在施予，蕴含阴气是地母掌孕育，故此阳气施予而阴气化育。苍天的气偏邪，形成怒气化作风；大地含气交合，调和转化为雨水。阴阳二气互相逼近，振动起来成为雷，激发成为闪电，散乱开来成为雾气。阳气占上风便会散发成为雨露，阴气占上风则会凝结成为霜雪。

人主之情，上通于天，故诛暴则多飘风[1]，枉法令则多虫螟[2]，杀不辜则国赤地，令不收则多淫雨。四时者，天之吏也；日月者，天之使也；星辰者，天之期也；虹霓彗星者，天之忌也。

注释

1 飘风：暴风，巨大狂风。

2 螟（míng）：一种害虫，吃禾稻的心髓。

译文

人间君主的性情，可以向上通达苍天，故此施行杀戮暴政就有很多暴风，枉法冤狱的政令就会出现很多虫灾，杀害无辜民众就会令国家土地枯干大旱，不收回恶法就会有很多连续不停的雨水。四季时节，是上天的官吏；日和月，是上天的使者；星辰，是上天的约定期；霓虹和彗星，是上天的禁忌。

赏析与点评

在古人的眼中，彗星是不吉祥的征兆。在现代天体物理学的研究中，天空中的所有星球，或多或少会影响地球上的人类和一切物质，如果彗星接近地球，大地上的物类都会受到干扰，现时西方也有不少人对“星体时间生物”进行研究。

日冬至则斗北中绳[1]，阴气极，阳气萌，故曰冬至为德。日夏至则斗南中绳，阳气极，阴气萌，故曰夏至为刑。阴气极，则北至北极，下至黄泉，故不可以凿地穿井，万物闭藏，蛰虫首穴，故曰德在室。阳气极，则南至南极，上至朱天，故不可以夷丘上屋，万物蕃息，五谷兆长，故曰德在野。

注释

1 冬至：在北半球地区，冬至这天是夜晚最长，日间最短的，阴极而阳生，故有“冬至一阳生”的说法。北斗：北斗星座，是北方上空最光亮的星，一向被人尊崇，古人认为有影响人们寿命的作用。中绳：指向子午经线北端子辰位置。

译文

冬至的时候，北斗星的斗柄指向子午经线北端子辰位置，阴气盛极，阳气开始萌生，故此称冬至为万物带来善德旺气的节气。夏至的日子，北斗星的斗柄指向子午经线南端午辰位置，这时阳气盛极，阴气开始萌生，故此称夏至为给万物带来刑杀的节气。阴气到了极限，太阳向北移至最北的地方，向下到达黄泉，故此这时不可以凿地挖井。这时万物隐闭收藏，昆虫躲在洞穴里，故此称为善德旺气在室内。阳气到了极限，太阳向南移至最南的地方，向上到达朱天，故此这时不可铲平山丘兴建房屋。这时万物繁殖生息，五谷生长，故此称善德旺气在野外。

季春三月[1]，丰隆乃出[2]，以将其雨。至秋三月[3]，地气不藏[4]，乃收其杀，百虫蛰伏[5]，静居闭户，青女乃出[6]，以降霜雪。行十二时之气[7]，以至于仲春二月之夕[8]，乃收其藏而闭其寒。

注释

1 季：每个季节的第三个月。每个季节可依次序分为孟、仲、季三个月。

2 丰隆：古代神话中的雷神。一指云师之名，掌管云雨。

3 至秋：季秋，九月。

4 不：应作“下”。

5 蛰（zhé）伏：动物冬眠，不饮不食过冬。

6 青女：传说中的天神青霄玉女，主管霜雪。

7 十二时之气：从季秋到翌年仲春期间的十二个节气中的阴冷之气。

8 夕：一个月的下旬。

译文

季春三月，云师出来了，令天下起雨来。季秋九月，大地的暖气向下埋藏，所以收起阳气刑杀之气，各种昆虫隐伏起来，关闭门户安静地躲在洞穴内。这时天神青女出来了，她令天开始降下霜雪。运行十二个气节（半年）后，直到春天的二月下旬，都收敛隐藏，锁闭着寒气。

赏析与点评

此段讲述天地的阴阳时刻都在循环变动，气节循环不息。古人有二十四节气的养生法，人们可依据自然气候的变化来调整生活，从而达到养生的目的。

天圆地方，道在中央[1]，日为德，月为刑[2]。月归而万物死，日至而万物生。

注释

1 道在中央：此处指以道为主干的支柱，支撑着天地。

2 月为刑：月和刑都属阴性，月亮在晚上才出现，而刑罚是指生命离开了正轨。

译文

上天圆寰，大地方正，道就在中央作为主干。太阳为善德的代表，月亮为刑罚的代表。所以月亮归来，万物死亡；太阳到来，万物生长。

赏析与点评

道是宇宙活动的总方程式，太阳散发正能量，月亮令万物安宁。方圆、德刑、生死是相对的，当人明白生死是一种自然规律，就不用害怕死亡，而是要好好计划生命的前路，让日光照耀他人的潜能，以月光抚慰他人的伤痛，做一个顶天立地的真人。

道曰规[1]，始于一，一而不生，故分而为阴阳，阴阳合和而万物生。故曰：『一生二，二生三，三生万物[2]。』天地三月而为一时，故祭祀三饭以为礼[3]，丧纪三踊以为节[4]，兵重三罕以为制[5]。

注释

1 规：画圆的工具，泛指标准的规矩。此处暗喻道是圆的，是玄妙的，是规矩标准。

2 三生：第三个元素是“阴阳合和”，结合“一生二，二生三”是完整的三生进化论，属于哲学的“宇宙生成论”。

3 三饭：古代礼制。

4 三踊：古代丧礼，三次顿足哀哭，以表示悲痛。

5 三罕：王念孙认为应为“三军”。

译文

道是规矩原理，开始在一，一不能生出天地万物，故分开为阴阳，阴阳彼此结合相和，万物便诞生。故此说：“一生出二，二生出三，三诞生万物。”天地以三个月为一季，所以祭祀用“三饭”为礼仪，丧礼用“三踊”为礼节，士兵用“三军”作为编制。

赏析与点评

很多人都误以为中国的哲学是二元分裂法，其实大道不是一，也不是零，而是一切皆无，它突然“分而为阴阳”，阴阳相互交替，然后产生万物。阴阳在运动中取得平衡，并且“阳中有阴，阴中有阳”。至于西方则有宇宙统一理论（unification theories），认为宇宙的原始是一根弦，一弹指之间，便会产生各种不同频率的音韵，各不相扰和谐共存。这弦可以看成是中国的太极，静的时候，人们不知道它的存在，动的时候散播万物。

三月而为一时[1]，三十日为一月，故三十斤为一钧。四时而为一岁，故四钧为一石。其以为音也，一律而生五音，十二律而为六十音，因而六之，六六三十六，故三百六十音以当一岁之日[2]。

注释

1 时：时节段落，即季节。

2 三百六十：农历以三百六十日为一年，是三的倍数，六十也是三的倍数。此段配合上节，用三证明生成事物的基因数。

译文

三个月为一季，三十日为一个月，所以三十斤称为一钧。四季合为一年，故此四钧称为一石。以音乐来说，一个律节可产生五个音调，十二个律节可成为六十个音调，因为乘以六，六乘六等于三十六，故此三百六十个音调相当于一年的日数。

赏析与点评

古代的度量衡单位是配合天地的基本数理而设，作为统一的标准。古时亦有五音和类似现代的七音，不过以五音为基础，多用五音节，少用七音节而已。

天地以设，分而为阴阳，阳生于阴，阴生于阳。阴阳相错，四维乃通[1]。或死或生，万物乃成。蚑行喙息，莫贵于人。孔窍肢体[2]，皆通于天。

注释

1 四维：东南西北四方。另有一说是上、下、左、右，上下是天地，背北面南，左右是太阳升降的东西方，是活动的循环。

2 孔窍：人体五官等孔穴，指一切身体向外交流的孔穴通道。

译文

天地设立后，分开成为阴阳，阳由阴所生，阴由阳所生。阴阳互相交错，四方自然通达。或者死，或者生，万物才能生成。用脚爬行和用口呼吸的动物，没有比人更宝贵的。人的孔道窍穴和肢体，都是气通天地。

天有九重[1]，人亦有九窍；天有四时以制十二月，人亦有四肢以使十二节[2]；天有十二月以制三百六十日，人亦有十二肢以使三百六十节[3]。故举事而不顺天者，逆其生者也。

注释

1 九：言其多，因为物质性的天不能分层次。

2 十二节：指手掌（或脚掌）、前臂、上臂三个部分，分在四肢，成为十二节。即下句所讲的十二肢。

3 三百六十节：指人体骨节有三百六十节。人体骨骼，有三百余根，加上软骨数量，接近三百六十这个数量。

译文

天有九层，人亦有九窍；天有四季，配置十二个月，人亦有四肢，配合成十二节使用；天有十二个月，配置三百六十天，人亦有十二肢体，配合成三百六十节使用。故此行事不顺从天时，就是违逆生理。

赏析与点评

有人反对把中华文化的哲理融入人体，不认同天人合一的思想。可是人的四肢确由三节所组成，“人亦有四肢以使十二节”是生物学的事实。

卷四　墬形

本卷导读

本卷吸收了《山海经》和《尚书·禹贡》的地理知识，内容包括广博的见闻异物，又用当时的科学眼光加以描述，渐渐脱离上古神秘的面纱，是汉代最重要的地理文献。此卷又呈现出古代的宇宙观，解释"天地"为实有的大自然，不同的地理环境会产生出不同面貌、种族，以至各具特色的风土人情，并且影响着人们的心理和生理特征，展示出适应环境是生存的第一条件。

现代人常认为人类是地上的主宰，可以使用土地和一切资源，更是生物圈中的王者，于是利用科技武器，抵御体积较大和力量较强的禽兽，以为人类拥有生杀大权。然而古人早有劝喻，要阴阳平衡，生生不息，就应与天地的动、植、飞、潜为友。若结合上一卷的《天文》，就可以理解《淮南鸿烈》天地人合一的思想，人类必须遵循此道才可以永续发展。假如继续滥用资源，破坏地球生态平衡，只会导致恶性循环，令地球上的所有生物受害。

墬形之所载，六合之间，四极之内，照之以日月，经之以星辰，纪之以四时[1]，要之以太岁。天地之间，九州岛八极，土有九山，山有九塞，泽有九薮[2]，风有八等，水有六品。何谓九州岛？东南神州曰农土，正南次州曰沃土，西南戎州曰滔土，正西弇州曰并土，正中冀州曰中土，西北台州曰肥土，正北泲州曰成土，东北薄州曰隐土，正东阳州曰申土。

注释

1 纪之以四时：大地以四季为规范。纪，准则，治理。四时，即四季。

2 薮（sǒu）：杂草丛生的大湖泽。

译文

大地所负载的，是上下四方六个空间，东南西北四个极地之内。它被太阳和月亮照耀着，被星辰包围着，受四季循环规范着，太岁为其正天时。广阔天地之间，九州岛布满八方的尽头，大地上有九座大山，山有九个要塞，有九大湖泽，风力分成八等，水有六种品级。什么是九州岛？（以河南省为中央）包括东南方神州叫农土，正南方次州叫沃土，西南方戎州叫滔土，正西方弇州叫并土，正中位置冀州叫中土，西北方台州叫肥土，正北方泲州叫成土，东北方薄州叫隐土，正东方阳州叫申土。

何谓六水？曰河水、赤水[1]、辽水[2]、黑水[3]、江水、淮水[4]。

注释

1 赤水：又称为喷赤河，位于新疆帕米尔高原，是中国的最西部边界。

2 辽水：即辽河，源出共有三处：一、新辽河源自大兴安岭南麓；二、西辽河源自河北省承德市北方的老图山；三、东辽河源自吉林省哈达山。全长达一千四百三十公里。

3 黑水：源于外蒙古肯特山东麓及俄国倬功士山之北，主流经黑龙江省，江水颜色暗绿，古时称为“黑水”。长约四千五百公里，是中国第三大河流。

4 淮水：发源于河南省南部的桐柏山，全长约九百公里，流经河南、安徽、江苏三省。现称“淮河”。

译文

有哪六条水道？是黄河、喷赤河、辽河、黑龙江、长江和淮河。

赏析与点评

此段提到六条主要河流，比喻水包围着人类。

凡八殥八泽之云[1]，是雨九州岛。八殥之外，而有八纮[2]，亦方千里：自东北方曰和丘，曰荒土；东方曰棘林，曰桑野；东南方曰大穷，曰众女；南方曰都广，曰反户；西南方曰焦侥，曰炎土；西方曰金丘，曰沃野；西北方曰一目，曰沙所；北方曰积冰，曰委羽。凡八纮之气，是出寒暑，以合八正，必以风雨。

八纮之外，乃有八极：自东北方曰方土之山，曰苍门；东方曰东极之山，曰开明之门；东南方曰波母之山，曰阳门；南方曰南极之山，曰暑门；西南方曰编驹之山，曰白门；西方曰西极之山，曰阊阖之门；西北方曰不周之山，曰幽都之门；北方曰北极之山，曰寒门。凡八极之云，是雨天下；八门之风[3]，是节寒暑。八纮、八殥、八泽之云，以雨九州岛而和中土。

注释

1 殥（yín）：偏远的地方。八泽：指大泽、少海、元泽、浩泽、丹泽、泉泽、海泽、寒泽。

2 纮（hóng）：指包在八殥周围外更远的区域。

3 八门之风：八个方向吹来的风，包括：东北方的炎风（或称融风）、正东方的滔风（或称明庶风）、东南方的熏风（或称清明风）、正南方的巨风（或称凯风）、西南方的凄风（或称凉风）、正西方的飂风（或称阊阖风）、西北方的厉风（或称不周风）、正北方的寒风（或称广莫风）。

译文

八方偏远的地方及八个大湖泊所形成的云，化为雨水降在九州岛。八方偏远地方之外，又有八处更远的土地，都是方圆千里以上的地方，由东北方起称为和丘及荒土；东方称为棘林及桑野；东南方称为大穷及众女；南方称为都广及反户；西南方称为焦侥及炎土；西方称为金丘及沃野；西北方称为一目及沙所；北方称为积冰及委羽。八纮的气流，形成寒暑，八方风向均衡调配，便会兴起风雨。

八纮之外，又有八座极高的山，从东北方起称为方土山或苍门；东方称为东极山或开明门；东南方称为波母山或阳门；南方称为南极山或暑门；西南方称为编驹山或白门；西方称为西极山或阊阖门；西北方称为不周山或幽都门；北方称为北极山或寒门。八座高山形成的云，化作雨水降于天下；八座山门的风，调节着寒暑。八纮、八殥，八泽所形成的云，都化成雨水降落于九州岛，润和了中原的土地。

东方之美者，有医毋闾之珣玗琪焉[4]；东南方之美者，有会稽之竹箭焉；南方之美者，有梁山之犀象焉；西南方之美者，有华山之金石焉。西方之美者，有霍山之珠玉焉；西北方之美者，有昆仑之球琳、琅玕焉[5]。北方之美者，有幽都之筋角焉；东北方之美者，有斥山之文皮焉；中央之美者，有岱岳，以生五谷桑麻，鱼盐出焉。

注释

4 医毋闾（lǘ）：山名，在辽宁大凌河以东。珣玗（xún yú）琪：玉名。

5 球琳、琅玕（láng gān）：都是美玉名。

译文

东方美好的物产，有辽东医毋闾山的美玉；东南方的美好产物，有会稽山出产的竹制弓箭；南方的美好物产，有衡山的犀牛角和象牙；西南方的美好物产，有华山的金属和玉石矿藏；西方的美好物产，有河东霍山的夜光珠和五彩玉器；西北方的美好物类，有昆仑山出产的球琳和琅玕美玉。北方的美好物产，有雁门以北幽都的鹿筋、羚羊角和牛角等；东北方的美好物产，有斥山出产的虎豹兽皮；中部地区的美好物产，有泰山岱岳的五谷、桑麻和鱼盐。

赏析与点评

此段记录了偏远地区的地理风物和各地的物产，资料详细，现代的读者能借此了解当时“一方水土一族人”的现实状况。由此反映了大地德厚载物，品种丰盛，滋养饶益众生。

凡地形，东西为纬，南北为经；山为积德，川为积刑[1]；高者为生，下者为死；丘陵为牡[2]，溪谷为牝[3]；水圆折者有珠[4]，方折者有玉；清水有黄金，龙渊有玉英[5]。

注释

1 刑：有控制事物的特殊力量，刑罚，用力量惩罚犯罪的人。

2 牡：雄性，引申为阳。

3 牝（pìn）：雌性，引申为阴。

4 圆折：指水流旋转曲折。

5 龙渊：古人相信龙居住于深渊，故称为龙渊。

译文

所有地形位置，东西方向为纬，南北方向为经。高山培育不同的生物，积聚美德，河川汇聚各地的小支流，积聚水的特殊力量。向高向上的地方促使生物生长，向低向下的地方加速生物死亡。丘陵凸出属于阳性，溪谷低洼藏垢属阴性。水流圆转曲折的水域会有珍珠，水纹呈方形曲折的水域会有美玉。清水当中，有不能熔解的黄金，深水的渊泉里有精美的玉石。

赏析与点评

“山为积德”形容高山孕育出不同的生物，令生命成长，这就是“生生之德”。

土地各以其类生，是故山气多男，泽气多女，障气多暗，风气多聋，林气多癃[1]，木气多伛[2]，岸下气多肿，石气多力，险阻气多瘿[3]，暑气多夭，寒气多寿，谷气多痹[4]，丘气多狂[5]，衍气多仁，陵气多贪，轻土多利，重土多迟，清水音小，浊水音大，湍水人轻[6]，迟水人重，中土多圣人。皆象其气，皆应其类。

注释

1 癃（lóng）：小便闭塞的病症。

2 伛（yǔ）：背脊弯曲，驼背。

3 瘿（yǐng）：颈部生肿瘤。

4 痹（bì）：中医指由风、寒、湿引起的肢体疼痛。

5 狂：应为“尪”。瘦弱，骨骼弯曲变形的疾病。

6 湍（tuān）：水流很急。

译文

土地各自有不同类别，影响着物种的生长，故此山区云气令人多生男孩，沼泽雾气令人多生女孩，湿热的瘴气多令人喑哑，邪风秽气多令人耳聋，森林的郁闷气令人尿闭，树木的屈气令人驼背，河岸边的湿气令人肿胀，岩洞的石气令人力大，险阻的地气令人颈部粗大生肿瘤，暑热的燥气令人短命，寒凉的凝气令人长寿，山谷低洼的聚气令人麻痹，丘陵的壑气令人骨骼弯曲变形。平和衍生的气令人仁慈，山陵的杂气令人受到诱惑而贪心；松软肥沃的土壤令人行动敏捷，结实贫瘠的土地令人活动迟缓；清澈的水流令人声音微小，污浊的水流令人声音浑重；在急流附近生活的人身轻灵活，在迟滞的水流附近生活的人身躯笨重；在九州岛中央的地区，人群当中多会出现圣人。人的身心都是依仗气质和地理的特征，因应附近物类的扶持而成长。

故南方有不死之草，北方有不释之冰，东方有君子之国，西方有形残之尸。寝居直梦[1]，人死为鬼，磁石上飞，云母来水，土龙致雨[2]，燕雁代飞。蛤蠏珠龟[3]，与月盛衰。是故坚土人刚，弱土人肥，垆土人大，沙土人细，息土人美，秏土人丑[4]。食水者善游能寒，食土者无心而慧，食木者多力而[5]，食草者善走而愚，食叶者有丝而蛾，食肉者勇敢而悍，食气者神明而寿，食谷者知慧而夭。不食者不死而神。

注释

1 直梦：灵验的梦境，可以预知未来的事情。

2 土龙：古代祭祀求雨的物品，用泥土塑造成龙的形状。

3 蠏（xiè）：同“蟹”。

4 秏（hào）：不利生物生长的瘠土。

5 （bì）：不醉而发怒。

译文

故此南方有常绿不枯死的草木，北方有永不溶解的冰，东方有长寿的君子国，西方有形躯残破的尸体。睡觉时有灵验的梦境，人死后化为鬼，磁石能吸引金属上升，云母石会吸附露水，用土龙祈求可令旱天下雨，燕子和大雁依据节气南北飞翔。蛤蟆、螃蟹、珍珠和乌龟跟随月亮的盈亏而有盛衰的循环。故此在坚硬土地生活的人品性刚强，在柔弱松软土地生活的人肥壮而圆润，在黑刚土生活的人身体高大，在沙漠土地生活的人身材矮细，在肥沃土地生活的人长得漂亮美丽，在贫瘠土地生活的人长得丑陋无光。食水的水族生物善于游泳和耐寒，食泥土的蚯蚓类没有心脏但很聪明，食树木的熊罴类力大而且容易发怒，食草类动物跑得快而且愚蠢，食桑叶类的昆虫吐丝成茧，最终变成飞蛾，食肉的虎豹类勇敢而剽悍，食气辟谷的修道人灵明而长寿，食五谷的人类聪明而短命。无须饮食而不死的人，已经修炼成神仙了。

赏析与点评

“食气者神明而寿”，就是指那些修炼气功的人，配合练功而运用体内的潜能，减少饮食，称为“辟谷”或“食气”，他们的精神清明灵照，外国称此为“断食疗法”。

凡人民禽兽万物贞虫[1]，各有以生，或奇或偶，或飞或走，莫知其情。唯知通道者[2]，能原本之。

注释

1 贞虫：细腰的微小昆虫。

2 知：即智，有智慧的贤士。

译文

所有人类和飞禽走兽，以至细小的昆虫万物，各自有适应环境的生存本能，或单一独立，或双数并行互相依靠，或会飞或会走，一般人不能知道其中的奥秘，唯有通晓大道的智慧贤士，能够探究原本的天理。

是故白水宜玉，黑水宜砥[1]，青水宜碧，赤水宜丹，黄水宜金，清水宜龟，汾水蒙浊而宜麻[2]，泲水通和而宜麦[3]，河水中浊而宜菽[4]，雒水轻利而宜禾[5]，渭水多力而宜黍[6]，汉水重安而宜竹[7]，江水肥仁而宜稻。

注释

1 砥（dǐ）：细致质地的磨刀石。

2 汾（fén）水：黄河第二大支流，发源于山西省。
蒙浊：或作“濛”，不清澈，混浊。

3 泲（jǐ）水：即济水。

4 菽（shū）：豆类的总称。

5 雒（luò）水：即洛河，位于河南省西部。

6 渭水：黄河第一大支流，发源于甘肃省。

7 汉水：长江第一大支流，发源于陕西省南部。

译文

故此清白的水，适宜出产美玉，黑色的水，适宜出产细致的磨刀石，青水适宜出产碧绿翡翠，赤水适宜出产丹砂，黄水适宜出产黄金，清水适宜养龟，汾水混浊适宜种植麻，泲水通和适宜种植麦类，黄河水中央有泥浊，适宜豆类的生长，洛水轻软多矿物质，适宜种植禾稻，渭水流动力大，适宜种植黍类，汉水非常安稳，适宜种植竹林，长江水肥沃，适宜种植五谷。

赏析与点评

本段写出各种河流的不同物产，虽没有科学说明，但现代的研究却证实了大部分矿物可以溶解于水，影响水的性质和功能，配合土壤的矿物含量，便会种植出不同的物产。

木胜土[1]，土胜水，水胜火，火胜金，金胜木[2]。

注释

1 胜：克制，优势，阻挡。

2 “木胜土”五句：木、土、水、火、金是五大类物质的分类形式，这里按五行克制的情况作为排列次序。

译文

（在五行中）木克制着土，土克制着水，水克制着火，火克制着金，金克制着木。

赏析与点评

五行互相克制、优胜的概念其实可应用于现实中，例如种植树木，可以阻挡水土流失；高山泥土可淤塞河道，令水流改道；水可以降低火的温度和灭火；猛火可令金属熔解；金属可以制成利器，雕刻木材或砍伐树木。

音有五声[1]，宫其主也；色有五章[2]，黄其主也；味有五变[3]，甘其主也；位有五材[4]，土其主也[5]。是故炼土生木[6]，炼木生火，炼火生云，炼云生水，炼水反土。

注释

1 五声：即宫、商、角、徵、羽。

2 五章：即蓝、黄、红、白、黑。

3 五变：即咸、酸、甘、苦、辣。

4 五材：即五行，指水、火、木、金、土。

5 主：主要，主位就是在中央。

6 炼：冶炼，培育，产生，使物质积聚，由量化进步为质化，使性质改变。

译文

音响有五种声音，以宫音为主调；颜色有五种，以黄色为主色；味道有五种变化，以甘为主味；方位有五个，以中央土位为主。故此利用土可以长出木，利用木可以生出火，利用火可产生金气，利用金可生出水，利用水又可返回土地。

赏析与点评

五行的相生相克，可以用于外在的环境，也可应用于内在的人体。例如中医用药，会配合脏腑的规律，是另一种系统的架构。

阴阳相薄为雷[1]，激扬为电[2]。

注释

1 阴阳：此处理解为云层气雾中的阴阳电子。相薄：互相靠近接触，产生摩擦。

2 激扬：被刺激而产生向外飞扬的情况。

译文

阴阳二气互相摩擦，撞击成为雷鸣，刺激飞扬则成为电流。

赏析与点评

古人早已明白天空中的云层带着不同的阴阳电子，当它们互相摩擦，便会产生雷声，而互相激荡又会成为电流的科学现象。

卷五　时则

本卷导读

“时”指时间或季节，“则”是法则或原则。本卷叙述了四季的变化规律，以及统治者因应时则所实施的政令。在以往的农业社会中，人们须望天而耕稼，而每个月的天气都会有很大的变化，因此人必须适应天时的改变，才会获得丰收。本卷记述了古人在不同的时间采取不同的法则，并且加以配合，反映出当时人类的智慧。解题说：“则，法也，四时、寒暑、十二月之常法也，故曰‘时则’。”意思就是按照四季、十二个月的顺序，介绍其天象、气候、农事等。当中反映了作者认为智慧的人应权宜行事，“因时制宜，因地制宜”，不墨守成规，以为民谋福祉。

此外，本卷又阐述了“五位”、“六合”、“六度”的内容，最后在“六度”的“规、矩、准、绳、权、衡”上加以发挥，提出君主作为领导层，必须颁布合适的政令，帮助群众解决困难。本卷部分内容是根据《吕氏春秋·十二纪》及《礼记·月令》，故与二书有相同的概念。

孟春之月[1]，招摇指寅[2]，昏参中[3]，旦尾中[4]。其位东方，其日甲乙，盛德在木，其虫鳞，其音角[5]，律中太蔟[6]，其数八，其味酸，其臭膻[7]，其祀户，祭先脾。东风解冻，蛰虫始振苏，鱼上负冰，獭祭鱼[8]，候雁北。天子衣青衣，乘苍龙，服苍玉，建青旗，食麦与羊，服八风水，爨萁燧火[9]。东宫御女青色，衣青采，鼓琴瑟，其兵矛，其畜羊，于于青阳左个，以出春令。布德施惠，行庆赏，省徭赋[10]。

注释

1 孟春：春季第一个月，农历正月。

2 招摇：北斗星系杓端第七颗星的名称。

3 参：二十八宿之西方白虎宿，即现在的猎户座。
中：位于南天正中。

4 尾：二十八宿之东方苍龙宿。

5 角：五音之一，其余为宫、商、徵、羽。

6 太蔟（cù）：十二乐律之一。

7 膻（shān）：五臭之一，其余为焦、香、腥、腐。

8 獭（tǎ）：水獭，在水边生活的动物。

9 爨（cuàn）：用火煮饭。燧（suì）：生火的工具。

10 徭：劳役的工作。

译文

农历正月初春，北斗星的斗柄招摇指向寅位；黄昏的时候，参星位于南天的正中位；晨曦时，尾星在南天的正中。孟春的方位处于东方，天干是甲乙，昌盛的善德在于属木。它的代表是昆虫和带鳞片的鱼龙。代表音韵的是角调，乐律是太蔟。它的代表数序是八，代表味道是酸味，代表气味是膻味，在门户祭祀，祭祀时把属木的脾脏放在前面。东风吹来融化冰冻，冬眠的动物昆虫开始振奋和苏醒，鱼类靠近上层的冰面畅游，水獭开始捉鱼吃，大雁准备飞回北方。君主穿着青色的衣服，乘坐青色的龙车，挂上青色的玉佩，插上青色的旗帜。进食麦类和羊肉，饮用八正风吹来所形成的露水，烧豆萁煮饭，使用燧生火。东宫的侍女都穿青色的衣服，佩戴青色的彩饰，弹奏琴和瑟。代表兵器是长矛，代表家畜是羊。大臣们在明堂东向堂的北头室位置，朝拜君主，发布初春的政令，君主颁布仁德的施惠政策，恭行吉庆的赏赐，减轻徭役和赋税。

赏析与点评

这段描述了天子和宫女按季节穿着颜色相配的衣服，可见古人恪遵天人和谐的举动非常彻底和全面。

立春之日，天子亲率三公[1]、九卿、大夫以迎岁于东郊，修除祠位，币祷鬼神[2]，牺牲用牡[3]，禁伐木，毋覆巢、杀胎夭，毋麛[4]，毋卵，毋聚众、置城郭，掩骼薶骴[5]。

注释

1 三公：西汉初以丞相、御史大夫、太尉为三公；武帝时改丞相为大司徒、御史大夫为大司空、太尉为大司马，负责教育及行政、国防、刑法等，是三权制衡的机制。

2 币：圭璧。

3 牡：雄性的鸟类或野兽。

4 麛（mí）：初生的小鹿。

5 骼：枯骨。薶（mái）：通“埋”，埋藏。骴（cī）：通“髊”，仍然带有腐烂肌肉的尸体。

译文

立春那天，帝王亲自率领文武大臣，包括三公、九卿、大夫等到东部的郊区，迎接一年的开始，修整和清扫祭坛周围的位置，用圭璧玉器向天地祖先祈祷赐福，用雄性牛羊牲畜作为祭品，禁止伐木，不许覆毁鸟巢取走鸟蛋，不可杀害怀胎的动物，以至初生的小鹿和蛋卵物种，亦不能聚集大众来建筑城楼，掩埋暴露在野的骸骨和尸体。

赏析与点评

“禁伐木，毋覆巢、杀胎夭，毋麛，毋卵”表面是很简单的事情，却显示了古人重要的做事原则和睿智，就是有节制：木材要种多年才合用，小鹿要长大才有珍贵的鹿角，如果人们不节约，便会很快用完各种天然资源。

命有司，省囹圄[1]，去桎梏[2]，毋笞掠[3]，止狱讼。养幼小，存孤独，以通句萌。择元日，令民社[4]。是月也，日夜分[5]，雷始发声，蛰虫咸动苏。

注释

1 囹圄（líng yǔ）：监狱，这里指囚犯。

2 桎梏（zhì gù）：古代监犯的刑具，足部脚镣为桎，手铐为梏。或一般称为枷锁。

3 笞（chī）：古代用鞭、杖、竹板打犯人的刑罚。

4 社：土地神，这里做动词，祭祀土地神。

5 日夜分：日间与夜间时间相等，指春分。

译文

命令刑部的官员，赦免或减轻罪犯的刑期，脱去犯人的枷锁，不准鞭打囚犯，停止司法诉讼。养育幼小儿童，抚恤孤独人士，以通达百姓，使他们萌生正面思想行为。选择良辰吉日，让民众祭祀土地神祇。这个月开始，日夜时间平分，雷声开始鸣动，冬眠的动物昆虫，全部苏醒且活动起来。

命司空[1]，时雨将降，下水上腾，循行国邑，周视原野，修利隄防[2]，导通沟渎[3]，达路除道，从国始，至境止。

注释

1 司空：主管水利和营造建设的官员。

2 隄：同“堤”。

3 导：疏导。

译文

命令主管水利建设的官员，应付季节性的大雨降临，下水道将会满溢的情况。要他循着地形巡行全国城市，视察周围的平原和郊野，修筑堤坝及防御工程，疏通沟渠和河流，清除道路的障碍物，确保从国家的首都到四方边境都畅通无阻。

赏析与点评

夏天雨季将至，维修堤坝，疏通沟渠，是政府官员分内的工作，要做到未雨绸缪，如官员能为民众解决问题，就是德政。

日长至，阴阳争，死生分，君子斋戒[1]，慎身无躁，节声色，薄滋味[2]，百官静，事无径，以定晏阴之所成[3]。

注释

1 斋戒：为了修养清心寡欲，不饮酒，不吃荤肉。

2 薄：淡薄。

3 晏：晚上没有太阳的时间。

译文

一年中白天最长阳气最重的夏至，阴阳开始纷争改变，物类的死生也会分明。君子在这一日，斋戒不饮酒吃荤，慎防身心烦躁，又节制声色娱乐，饮食清淡，让身体的各个器官都平静下来，暂缓事情，以等待晚上阴气的生成。

赏析与点评

在天地气候的大转变中，古人采取配合适应的方法，不扰乱宇宙正常变化的秩序，静心修养，并且节制过度的声色欲望，避免烦躁刺激心身。

求不孝不悌[1]，戮暴傲悍而罚之，以助损气。立秋之日，天子亲率三公、九卿、大夫以迎秋于西郊[2]。还，乃赏军率武人于朝。命将率，选卒厉兵[3]，简练桀俊，专任有功，以征不义，诘诛暴慢[4]，顺彼四方。

注释

1 求：寻求，查找。

2 西：西方为太阳收藏的地方，是阴气积蓄之处。

3 厉兵：将兵器磨得锋利，整理戎装，准备作战。

4 诘（jié）：查办，责问。

译文

清查那些不孝敬父母，不敬兄长，残酷暴戾傲慢凶悍的人，加以处罚，以助长损杀的阴气。立秋的那天，君主亲自率领三公、九卿、大夫等文武百官，在西郊九里迎接秋天来临。返回朝廷后，便赏赐军中的将领和武士。命令将军率领部队，选择精良的士卒，磨砺兵器和装备，精心训练杰出的人才，专门任用有战争功劳的军士，去征伐不义的国家，侦办诛灭暴虐傲慢的人，顺应四方人民的心愿。

赏析与点评

秋天是收成的季节，在古代，不孝的人会被列为罪犯，并在这个季节中被惩罚。如有不义的军事侵略，国家会派兵相助，因此杀气必定集中在秋天。

命有司，申严百刑[1]，斩杀必当，无或枉挠[2]。决狱不当，反受其殃。是月也，养长老，授几杖，行稃鬻饮食[3]。乃命宰祝，行牺牲[4]，案刍豢[5]，视肥臞全粹[6]，察物色，课比类，量小大，视少长，莫不中度。天子乃傩[7]，以御秋气。以犬尝麻，先荐寝庙。是月可以筑城郭，建都邑，穿窦窖[8]，修囷仓[9]。乃命有司，趣民收敛畜采，多积聚，劝种宿麦。若或失时，行罪无疑。是月也，雷乃始收，蛰虫培户[10]，杀气浸盛，阳气日衰，水始涸，日夜分。

注释

1 刑：刑法，法律的条文和处罚的客观细则。

2 挠：屈曲，扭曲。

3 行：施予，分发。稃（fū）：可食用的谷壳，例如麦皮类。鬻（zhōu）：古“粥”字，稀饭，粥。

4 行：准备礼仪的一切工作。牺牲：祭祀用的牲畜。

5 刍：食草的牲畜。豢（huàn）：食谷的牲畜。

6 臞（qú）：瘦。粹：毛色纯一。

7 傩（nuó）：用舞乐驱除疫病和鬼怪的礼仪活动。

8 窦：洞穴，缝隙。

9 囷（qūn）仓：储存食物的仓库，圆的叫“囷”，方的叫“仓”。

10 培户：指昆虫准备过冬，把泥土堆在洞口周围，以便在入冬时堵塞洞口。

译文

命令司法部门的官员，申述各种严明的刑法，判斩杀的案情必须恰当，没有丝毫冤枉扭曲。判决牢狱的案情如果不合事实，反过来会受到查办的祸害。在这个月，要颐养长辈和老人，派发几案和拐杖给他们，施予粥饭饮食。命令负责祭祀的太祝，巡视牲畜，按照牲畜的状况，检视它们的肥瘦和有无伤损，察看毛色和体质，比对正常程度，量度大小，估计长短，确保牲畜符合规定的标准。君主举行驱邪逐疫的礼仪，以抵御秋天的气息，防范危难的到来。用狗品尝糜子，再首先送到祖先的宗庙。这个月可以修筑城堡和围墙，兴建首都和城镇，凿穿管道通河渠，挖掘地窖，维修仓库。又命官员发出政令，敦促人民收割采摘，多多积累物资，劝导他们种植越冬的小麦。如果错过了农时，不容置疑地惩罚他们。在这个月，雷声开始停止，蛰伏过冬的动物昆虫，都积土在洞口准备过冬，肃杀的阴气渐渐隆盛，阳气日渐衰退。水流开始干涸，秋分那天，白天与晚上的时间长短相等。

赏析与点评

法律一定要严谨，否则形同虚设，治乱世用重典，是历史的经验。法律必须客观且人人平等，切勿被滥用，沦为政治工具，谋害忠良。

爵有德，赏有功，惠贤良，救饥渴，举力农[1]，振贫穷，惠孤寡，忧罢疾，出大禄，行大赏，起毁宗，立无后[2]，封建侯，立贤辅。

注释

1 举力农：举荐致力农业发展的人才。

2 立无后：为那些没有男丁后人的家族选立继承人，预早解决继承财产的问题，以免引起纷争。

译文

封爵位给有道德的人，赏赐有功劳的人，善待贤明良士，救助饥渴的人，举荐致力发展农业的人，赈济贫穷的人，关怀孤儿寡妇，忧虑体弱和长期病患的人。推出高薪职位，实行重大的奖赏，振兴濒临毁灭的宗族，确立绝后家族的继承人，分封土地给有功劳的诸侯，选定贤良的人做臣子入仕为官辅助政府。

赏析与点评

自古就有“举贤辅政”的措施，用人唯贤，“立贤辅”是很好的制度。

北方之极，自九泽穷夏晦之极[1]，北至令正之谷[2]，有冻寒积冰、雪雹霜霰[3]、漂润群水之野，颛顼、玄冥之所司者，万二千里。其令曰：申群禁，固闭藏，修障塞，缮关梁，禁外徙，断罚刑，杀当罪，闭关闾，大搜客，止交游，禁夜乐，蚤闭晏开[4]，以塞奸人，已德，执之必固。

注释

1 夏：辽阔广大。

2 令正：即“令止”，是胡人的地区。

3 霰（xiàn）：小冰粒。

4 蚤闭晏开：指商店缩短营业时间，提早关闭，较晚才开门营业，以防贼人在冬季抢劫。蚤，即“早”。

译文

北方最远的地方，由九泽直至辽阔的边陲，向北到达令止山谷，那里冰天雪地，非常寒冷，长年都有雪雹霜霰飞扬，是水源储备的地方，由颛顼和玄冥管治，约一万二千里。二神的政令包括：申述所有禁条，巩固和紧闭储藏仓库，维修障础关塞，修缮关卡和桥梁，禁止人民向外随便迁徙，判断各种处罚和刑事案件，处决被判死刑的罪犯，关闭城门，大规模搜查外来的歹徒，停止交游活动，禁绝晚上的娱乐节目，店铺大门要早关晚开，以便阻断坏人的行动。当捉获奸徒，必须严厉拘押。

赏析与点评

中国部分地区会在冬天下雪，大雪对百姓也是好事，因为这能减少虫害，对明年谷物的收成有好处。此段记述“雪雹霜霰、漂润群水之野”，指出冰块是重要的淡水资源，可见古人已有基本的科学知识。

制度阴阳，大制有六度[1]：天为绳[2]，地为准[3]，春为规，夏为衡[4]，秋为矩[5]，冬为权[6]。绳者，所以绳万物也；准者，所以准万物也；规者，所以员万物也；衡者，所以平万物也；矩者，所以方万物也；权者，所以权万物也。

注释

1 大制：最基础的大纲领制度、原则。

2 绳：本指木工用的墨线。这里比喻准则、标准。

3 准：水平仪，建筑楼房最重要的标准。

4 衡：秤杆，物品必须与秤锤平衡，才是准确的量度。

5 矩：能够画直角或方形的工具，亦可表示长度距离。

6 权：秤锤。

译文

制度法则有阴有阳的配搭，基础有六种大纲领：天是墨绳，地是水平仪，春令是圆规，夏令是秤杆，秋令是矩尺，冬令是秤锤。墨绳，用以判别万物的曲直；水平仪，用以判断万物的平稳垂正；圆规，用以量度万物的圆周和直径；秤杆，用以考虑万物的平衡均势；矩尺，用以计算万物的方正体积；秤锤，用以量衡万物的权宜变化。

赏析与点评

规、矩、准、绳、权、衡，反映了古人的智慧，因为这六种事物不单是万物外在的科学标准，也可以成为人们自己内心的价值标准，规范着个人的行为。

绳之为度也，直而不争[1]，修而不穷，久而不弊，远而不忘，与天合德，与神合明，所欲则得，所恶则亡，自古及今，不可移匡[2]，厥德孔密[3]，广大以容，是故上帝以为物宗[4]。

注释

1 争：通“狰”，弯曲。

2 匡：弯曲。

3 厥德：厥，它的。这里指绳的善德，正面的赞扬。孔密：周全细密。孔，细小的状态。

4 宗：根本，原始的标准。

译文

墨绳作为一种量度器具，正直而不会弯曲，可以延长至没有尽头，长久也不会破败，时间遥远也不会被遗忘，它融合天德互相和应，与神灵结合而明亮；它喜欢的就可以得到，所厌恶的便会灭亡；由古至今，都不可以移动倾斜或弯曲，它的德行善功非常细密周全，广大而包容，故此上帝以它为万物的根本。

权之为度也，急而不嬴[1]，杀而不割[2]，充满以贯，周密而不泄，败物而弗取，罪杀而不赦，诚信以必，坚悫以固[3]，粪除苛慝[4]，不可以曲[5]，故冬正将行[6]，必弱以强，必柔以刚，权正而不失，万物乃藏。

明堂之制，静而法准，动而法绳，春治以规，秋治以矩，冬治以权，夏治以衡，是故燥湿寒暑以节至，甘雨膏露以时降。

注释

1 嬴：浮躁过分的行为。

2 杀而不割：攻打杀伐没有仁义的国家，却不会抢夺物品和割取他国的土地。

3 悫（què）：诚实。

4 粪除：铲除，扫除。苛慝（tè）：奸邪暴虐的恶人。

5 曲：扭曲，指旁门左道的扭曲方法。

6 正：即政。

译文

秤锤作为量度的器具，急行而不能太过浮躁，杀伐而不会割取抢夺，充满而盈实，周密而不会泄漏，毁坏而不会贪求索取，诛杀罪犯而不会赦免，诚实守信必定做得到，坚定小心不会动摇，铲除奸邪恶人，不会用旁门左道的方法。故此冬季的政令一旦施行，软弱必定变为强壮，柔弱必定变为刚强，权宜的法度正确被应用，万物可以收藏畜养。

明堂的制度，平静时取法于水平仪，行动时取法于墨绳，春季管治用规度，秋季管治用矩度，冬季管治用权度，夏季管治用衡度，故此干燥、湿润、寒

冷、暑热都顺着季节而出现，甘甜的雨水和浓郁的
露水，都按照时间降临。

赏析与点评

万物与人类，都受着时间的牵引而改变；唯有道德清明的人，无论在何时何地，都能平衡稳重，准确判明公义善恶，他的德政能够与日月同光，犹如甘露润泽大地。

卷六　览冥

本卷导读

本卷的题解是“览观幽冥变化之端，至精感天，通达无极，故曰‘览冥’”。意思就是观览万物当中幽冥难以察觉的变化规律。本卷提示人类要屏除巧诈思虑，细心览察事物的幽微地方，这样便可发现很多自然现象都是最精微关键的所在，若能好好观察，便能“至精感天，通达无极”，通天达地，感通万事万物，全性保真，返回天道，进而证明“无为”的学说。本卷亦通过观察大量“幽冥”的自然现象和人事，说明事物之间的“同气感应”关系。

昔者，师旷奏《白雪》之音[1]，而神物为之下降，风雨暴至。平公癃病[2]，晋国赤地[3]。庶女叫天，雷电下击，景公台陨[4]，支体伤折，海水大出。夫瞽师、庶女[5]，位贱尚葈[6]，权轻飞羽[7]，然而专精厉意[8]，委务积神[9]，上通九天，激厉至精。由此观之，上天之诛也，虽在圹虚幽闲[10]，辽远隐匿，重袭石室[11]，界障险阻，其无所逃之，亦明矣。

注释

1 师旷：春秋时代晋国的宫廷音乐师，《白雪》是他的音乐作品。

2 平公：晋国君主晋平公，公元前五五七至公元前五三二年在位。癃（lóng）：严重的疾病。

3 赤地：因旱灾或虫害而草木不生，土地变得荒凉。

4 景公：齐国君主齐景公，公元前五四七至公元前四九〇年在位。陨：崩坍倒下。

5 瞽（gǔ）师：音乐官员。

6 尚葈：葈耳，草本植物。

7 权轻飞羽：权力轻微得只能够令羽毛飞扬。

8 厉意：激励意志奋发。

9 委务：舍弃外界的事务。

10 圹（kuàng）虚：坟墓。

11 重袭：重叠。

译文

从前，晋国乐师师旷奏出《白雪》的乐章，神物玄鹤因而降临，狂风暴雨也突然而来。晋平公故此患上重病，晋国三年干旱，寸草不生。齐国可怜的寡妇含冤受辱，呼天喊地，雷电交击下，毁坏了齐景公的礼台，砸伤齐景公的肢体，海水冲上了陆地。那盲眼的乐师，低贱的民妇，他们的地位比尚菓还要卑贱，权力比飞舞的羽毛更轻，但是当他们集中精力，磨砺意志，抛弃干扰，聚精会神，便可向上贯通九天，激动最深层的精神境界。由此可见，当上天要严厉惩罚人时，即使他们身处墓地幽冥的地方，隐匿于遥远之处，或躲在层层叠叠的石室内，有坚固的险要阻塞，他们也无法逃避惩罚，这是明显的道理。

赏析与点评

佛教的因果论传入中国以前，人们就相信神灵会知道民间的疾苦，并做出因果循环的报应，就好像此处所述："庶女叫天，雷电下击"，庶女被诬告杀害家姑，于是冤叫惊天，天便以雷电交击回应她的冤案，令官员三思，这反映了当时的民间思想，也对人类作恶具有阻吓的作用。

夫全性保真，不亏其身，遭急迫难，精通于天。若乃未始出其宗者[1]，何为而不成！夫死生同域，不可胁陵[2]，勇武一人，为三军雄。彼直求名耳[3]，而能自要者尚犹若此，又况夫宫天地，怀万物，而友造化[4]，含至和，直偶于人形[5]，观九钻一[6]，知之所不知，而心未尝死者乎！

注释

1 宗：大道的根本正途。

2 陵：同“凌”。

3 直：简单直率。

4 友造化：与大自然造化融合，成为朋友。

5 偶：通“寓”，寄托。

6 观九钻一：即钻一而知九，据少知多。

译文

如人能整全人性，保存真心，不亏耗身躯，当遇到紧急的危难，他的精神仍可保持清静，通达于天地。如果从来没有离开大道的根本，还有什么事不可能成功呀！把死与生看成同一地域的人，是不能威胁凌辱的，一个勇武的人，可以领导军队成为雄师。他们这样只不过为了求取名声，要求功名的人尚且如此，更何况是胸中藏着天地，心怀万物，与造化为友，精神含养和气畅顺，只把人的形骸当成寄托，观察少许就能掌握无限，知道自己所不知的事物，而纯真的心性没有死亡的人呢！

昔雍门子以哭见于孟尝君[1]，已而陈辞通意，抚心发声，孟尝君为之增欷歍唈[2]，流涕狼戾不可止[3]。精神形于内，而外谕哀于人心[4]，此不传之道[5]。使俗人不得其君形者而效其容，必为人笑。故蒲且子之连鸟于百仞之上[6]，而詹何之鹜鱼于大渊之中[7]，此皆得清净之道，太浩之和也[8]。夫物类之相应，玄妙深微，知不能论，辩不能解。故东风至而酒湛溢，蚕咡丝而商弦绝[9]，或感之也[10]。画随灰而月运阙，鲸鱼死而彗星出，或动之也。故圣人在位，怀道而不言，泽及万民。君臣乖心，则背谲见于天[11]。神气相应，征矣。

注释

1 雍门子：战国时代的古琴师，因为住在齐国的雍门，故称为雍门子。孟尝君：战国时期齐国的贵族田文，承袭了父亲田婴的封邑薛（在今山东滕州南部），称为薛公，门下有食客数千，战国四公子之一。

2 欷（xī）：抽动的呜咽声。歍唈（wū yì）：悲哀或愤恨而泣，气结而抽动噎呜。歍，通“呜”。

3 狼戾（lì）：即狼藉，手足杂乱，不知所措。

4 谕：向外表露。

5 不传之道：本指不能用形式传授当中的道理和技巧，这里指以悲惨的精神感动他人的内心，是不能模仿学习的。

6 蒲且子：楚国人，以箭术闻名。

7 詹何：战国时代楚国人，善于钓鱼。鹜（wù）鱼：使鱼儿游来上钓。

8 太浩：天地大自然，太虚浩瀚。

9 咡（èr）丝：指蚕吐丝。咡，口旁，两颊，口耳之间。

10 感：感应，受外界影响而产生感情、变化。

11 背谲（jué）：反常怪异。

译文

从前，雍门子凭哭泣的歌声感动孟尝君而获其接见，然后向他陈述自己哀怨的故事，抚摸着心胸，唱出悲凄的声调，孟尝君因而呜咽抽泣，涕泪交流，不能停止。人的精神凝聚于内，通过歌声向外流露哀伤，感动他人，这不是能够传授的技术。假如平庸的艺人不懂得他演绎人物的内心情怀，只是效法他的容貌和外形，必定会被其他人讥笑。故此蒲且子能够从百仞高空中射中飞鸟，而詹何能够让深渊的鱼类游上来上钓，这些都因他们掌握了清净的道理，懂得运用微妙、浩瀚的和谐现象。物类之间互相感应，非常玄妙微密，智者都不能详细论述清楚，善辩的人也不能解释明白。故此东风吹来，美酒会膨胀流出，蚕吐丝的时候，商调琴弦易于断绝，或许是感应的原因。用芦苇灰在月光之下画圆形而缺去一边，月晕也会出现残缺，鲸鱼在岸边死亡，彗星便会出现，或许有互动的情况。圣人执政在位时，心怀道德，用无为而治的办法，无须多言，恩惠便自然施泽万民百姓。君主和臣子之间互相背离乖曲，太阳旁边就会出现异常。精神与气互相感应，会出现一些征兆。

赏析与点评

《淮南鸿烈》认为在大道宇宙中，事物是互相关联、互相影响的，这种关系是“玄妙深微”的。事物联结在一个整体网络之内，反复来回的因果影响便会构成多姿多彩的世界。因此圣人不妄动，不种恶因。

夫道者，无私就也[1]，无私去也。能者有余，拙者不足，顺之者利，逆之者凶。譬如隋侯之珠[2]，和氏之璧，得之者富，失之者贫。得失之度，深微窈冥[3]，难以知论，不可以辩说也。

注释

1 就：亲近，靠近。

2 隋侯之珠：相传隋国君主救了一条受伤的大蛇，后来大蛇口衔巨大明珠送给隋君，以报救命之恩。

3 窈冥：幽暗深邃的样子。

译文

大道，不会偏私地亲近和迁就任何人，也不会偏私地离去或疏远人。能够实行大道的人有剩余的能力，愚拙的人永远才能不足；顺着大道的人有利，违逆大道的人有凶险。例如隋侯的明珠、和氏的玉璧，得到它们便会富贵，失去它们则会贫穷。得失之间的差距程度，十分微妙幽深，不能用智慧论述，也不能靠辩才说明。

夫燧之取火于日[1]，慈石之引铁，蟹之败漆，葵之乡日，虽有明智，弗能然也。故耳目之察，不足以分物理；心意之论，不足以定是非。故以智为治者，难以持国，唯通于太和而持自然之应者，为能有之。故峣山崩[2]，而薄落之水涸[3]，区冶生而淳钩之剑成；纣为无道，左强在侧[4]；太公竝世[5]，故武王之功立。由是观之，利害之路，祸福之门，不可求而得也。

注释

1 燧（suì）：古代取火的工具，即木燧。

2 峣（yáo）山：古代雍州内，今陕西省蓝田县东南方的关隘山脉，汉高祖破秦兵于此。又称为“蓝田关”。

3 薄落：即泾河，关中八川之一。源自甘肃省平凉西南的六盘山东麓，流入陕西省注入渭河，是渭河水系中的最大支流。

4 左强：纣王左右的谀臣奸佞。

5 竝（bìng）：同“并”。

译文

用木燧聚焦阳光能取火，磁石能够吸引铁器，蟹能防止油漆凝固，葵花会向日，即使聪明也不能明白。故此耳目的观察，不能够分辨事物的道理；心理意识的论述，不能够定出是与非。因此以聪明才智来管治的人，难以维持掌管国家，唯有通达宇宙，持守自然大道感应的人，才能够达到治国之目的。故此峣山崩塌，薄落河的流水干涸，区冶在生，淳钩利剑便铸成；纣王昏庸无道，因为佞臣左强在他身边；姜太公和周武王一起出生，所以武王的功业告成。由此可见，利与害的道路，灾祸幸福的大门，不是祈求或强求便能获得的。

夫道之与德，若韦之与革[1]，远之则迩[2]，近之则远，不得其道，若观鯈鱼[3]。故圣若镜，不将不迎，应而不藏，故万化而无伤。其得之乃失之；其失之非乃得之也。今夫调弦者，叩宫宫应，弹角角动，此同声相和者也[4]。夫有改调一弦，其于五音无所比，鼓之而二十五弦皆应，此未始异于声，而音之君已形也。故通于太和者，惛若纯醉而甘卧以游其中[5]，而不知其所由至也。

注释

1 韦之与革：韦，经过加工的柔皮。革，去清皮毛的兽皮。韦比革经过进一步的加工，其本质的改变也较革多。这里以革喻道，以韦喻德。

2 迩（ěr）：邻近。

3 鯈（yóu）：细小的鱼，因为细小而难以捕捉。这里比喻为道，指道虽然近在人们的身边，但得道是很困难的。

4 同声：音律相同的声调。

5 惛：或作“昏”，迷糊不清。纯醉：酩酊大醉。

译文

道与德的区别，好像革皮和韦皮一样，当你觉得道很遥远时，它却与你十分近；当你觉得它很亲近时，它却相距甚远。不能够得到其中的道理规律，好像观赏水中的小鱼，能见却捕捉不到。故此道的圣明好像一面镜，不会送走或迎来，但它会真正反映形象而毫无隐藏，所以万物的变化都不会伤害圣道。自以为得道，实际是失道；失去道的人，其实未必没有得道。弹奏弦乐的音乐师，叩动大宫，则少宫应和发声；弹动大角，则少角相应发声，此是同声相和的音律道理。如果更改一条弦线的调子，这样五音就无法互相应和比对，鼓瑟的时候，二十五弦都有应和，声音没有太大的差异，但主音部分的内涵已经改变了。故此贯通知晓宇宙的人，昏昏迷迷好像酩酊大醉，酣睡倒卧，在大道之中遨游，而不知自己从何而来。

赏析与点评

道，是宇宙正常轨道的标准；德，是人们相应于道的行为，这就像音乐的"同声相和"。此段所述的"甘卧以游其中"可称为"乐道无待"，即做事不去等待任何结果的来临，只顺着生命而缓缓前行的状态。

逮至当今之时[1]，天子在上位，持以道德，辅以仁义，近者献其智，远者怀其德，拱揖指麾而四海宾服[2]，春秋冬夏皆献其贡职，天下混而为一，子孙相代，此五帝之所以迎天德也[3]。夫圣人者，不能生时[4]，时至而弗失也。辅佐有能，黜谗佞之端[5]，息巧辩之说，除刻削之法[6]，去烦苛之事，屏流言之迹，塞朋党之门，消知能，修太常，隳肢体[7]，绌聪明，大通混冥，解意释神，漠然若无魂魄，使万物各复归其根，则是所修伏牺氏之迹，而反五帝之道也。

注释

1 当今：指汉代初年。

2 拱揖（yī）：行礼，拱手作揖。指麾（huī）：指挥。

3 天德：上天道德的标准意旨。

4 生时：生于有运气的时间之中。

5 黜：贬退官职。

6 刻削：刻薄而严酷。

7 隳（huī）：损毁。

译文

直至现今的时代，君主在最高位上，用道德治理国家，以仁义为辅助，身边的群臣献出他们的智慧，广大的民众感怀君主的恩德，君主从容拱手指挥，天下和顺归服，春夏秋冬四季都依时奉献朝贡的物品和尽其职责，天下混合为大一统，子孙代代相传，这是五帝顺从上天道德的做法。圣人，是不能创造时运的，他只是在时运到来时不致错失而已。辅佐有贤能的人，罢贬奸臣以阻止歪风邪道的开始，平息巧言诡辩，废除刻薄严酷的法律，裁去繁杂的琐事，摒弃流言秽语的传播，堵塞结党营私的网络门路，消除取巧机智，遵循最高的礼法制度，禁绝贪念，放弃小聪明，通于混沌的境界，解放个人意识，放松精神，虚虚渺渺的如同没有魂魄，使万物各自回归到它们的根本上。这是踏上以往伏羲氏的道路，是返回五帝所遵循的大道。

赏析与点评

领袖不能有虚伪的品行，他们必须站在道德的高地“迎天德”，成为大众的模范，用仁义施政，济民匡世，把天地的大德实现于人间。

伏戏、女娲不设法度而以至德遗于后世[1]，何则？至虚无纯一，而不嚶喋苛事也[2]。《周书》曰：『掩雉不得[3]，更顺其风。』今若夫申、韩、商鞅之为治也，挬拔其根[4]，芜弃其本，而不穷究其所由生。何以至此也？凿五刑，为刻削，乃背道德之本，而争于锥刀之末，斩艾百姓[5]，殚尽太半[6]，而忻忻然常自以为治[7]，是犹抱薪而救火，凿窦而出水。夫井植生梓而不容瓮，沟植生条而不容舟，不过三月必死。所以然者何也？皆狂生而无其本者也。河九折注于海而流不绝者，昆仑之输也。潦水不泄，瀇漾极望[8]，旬月不雨则涸而枯泽，受瀷而无源者[9]。譬若羿请不死之药于西王母，姮娥窃以奔月[10]，怅然有丧，无以续之。何则？不知不死之药所由生也。是故乞火不若取燧[11]，寄汲不若凿井[12]。

注释

1 伏戏：即伏羲氏。

2 嚶喋（zá dié）：鱼类或水鸟争食的样子，喻意贪心多取。

3 掩：捕捉。

4 挬（bó）：拨。

5 艾：通“刈”，砍杀，割去。

6 殚（dān）：尽。

7 忻（xīn）：同“欣”。

8 瀇（wǎng）漾：同“汪洋”。

9 瀷（yì）：水流积聚的样子。

10 姮（héng）娥：即嫦娥，后羿的妻子，相传她偷食长生不死的仙丹，然后飞升月宫。后人为避汉文帝讳，才改“姮”为“嫦”。

11 乞火：求他人给予火种。

12 寄汲：请求他家赐予井水。

译文

伏羲、女娲没有设立法令制度，却以最高尚的道德榜样遗留于后世。为什么呢？因为他们达到虚静无为而纯净统一的境界，不用不停地讲述烦琐的事件。《尚书·周书》说："捕捉不到郊外的野鸡，便要改变跟踪的方向。"现今好像申不韦、韩非子、商鞅等人的管治方法，破坏生长和拔除根源，荒废和抛弃本性，而不查究管治发生问题的原因，以及为何到了这地步；然后雕凿五种刑罚规条在石上，以求克制和减少罪案，这其实违背了道德的根本，只是在尖锥和刀子的末端争斗而已，杀害无辜的百姓，刮尽他们一半财产，很开心地自以为治理得当，这就像抱着柴薪去灭火，凿开水桶去取水。其实井边植物生出的嫩枝，禁不起汲水瓦罐的碰撞，河渠长出植物的枝条，妨碍行船，令船舶不能航行，这些植物不超过三个月，必定死亡。为什么呢？都是因为杂乱生长而没有根本。河道经过很多曲折才流入大海而不会停绝，是因为得到高耸的昆仑山输送水源。大雨形成的积水不会流走，广阔浩瀚，一望无际，但十个月左右不下雨，仍然会干枯，因为它积聚水源却没有源头。譬如后羿向王母请求不死的仙药，嫦娥偷走服食后升天飞向月宫，后羿无奈惆怅，不能再得到仙药，因何原因呢？因为他不知道如何炼成不死仙药。故此，向别人借火，不如自己懂得用燧生火，寄望别人让你在井中取水，不如自己凿一口井。

赏析与点评

西王母赐予人不死仙药的故事，在汉代非常流行，她是最早的赐药神仙之一。此外，此段认为"乞火不若取燧，寄汲不若凿井"，认为应自己生火及凿井，求人不如求己，这样更能享受全力以赴的过程和最终成功的结果。

卷七　精神

本卷导读

本卷论述了生命的起源、要素及养生之道等重要论题。卷中指出人类的精神是由天而来的，而且形躯会受到大自然直接影响，人体与万物具有感应的能力，如人能做到“恬愉虚静”，精神便可稳固。此外，卷中亦指出精神为应用的部分，而心性则是本体，精神是生命的内在主干，如能确保精气神不散失，便可护养心性的道德良知，这就是心身修养的合一指引，能让人和顺于大道。这些都阐述了清静无为的思想。

古未有天地之时，惟像无形，窈窈冥冥，芒芠漠闵[1]，澒蒙鸿洞[2]，莫知其门。有二神混生，经天营地，孔乎莫知其所终极，滔乎莫知其所止息，于是乃别为阴阳，离为八极，刚柔相成，万物乃形，烦气为虫[3]，精气为人。是故精神，天之有也；而骨骸者，地之有也。精神入其门，而骨骸反其根，我尚何存[4]？是故圣人法天顺情，不拘于俗，不诱于人[5]，以天为父，以地为母，阴阳为纲[6]，四时为纪[7]。

注释

1 芒芠（wén）：混沌初开幽暗不明的样子。

2 澒（hòng）蒙鸿洞：宇宙没有形成之前，空洞混沌的样子。

3 虫：动物的总称。

4 我：泛指人类。

5 不诱于人：不受凡人诱惑，不受人为的物质所引诱。

6 纲：纲领。

7 纪：法度，准则，纪律。

译文

盘古未有天地的时候，模糊恍惚有影像而没有形状，幽暗混沌不明，无法了解内里的情况。此时有阴阳二神一起出现，同时造天造地，它们深远得没有尽头，广阔得没有边际。于是分别成为阴阳，分离散布成为八方极远之域，以刚强柔和的互相作用形成中和之气，万物因此有了形躯。繁杂的气成为鸟兽虫鱼，精纯轻和的气成为人类。故此人的精神由上天赋予，形骸由大地赋予。精神最终归入天门，形骸返回大地的根源，人还有什么留下呢？因此圣人效法天地，顺着情理的规律而行，不被俗世所拘束，不受别人诱惑，以上天为父亲，以大地为母亲，用阴阳为纲领，以四时运行为纪律准则。

赏析与点评

这段解释了有关“万物起源”的问题，亦提出到底人生的意义是什么、人的精神可否永恒长存的问题。道家以逍遥自在为归宿，文中便指出圣人不争名利，“不拘于俗”，因为人死后根本无法控制别人给予的赞誉或臭名，因此应学习“圣人法天顺情”，快乐过日子便可以。

天静以清，地定以宁[1]，万物失之者死，法之者生。夫静漠者[2]，神明之宅也[3]；虚无者，道之所居也。是故或求之于外者，失之于内；有守之于内者，失之于外。譬犹本与末也，从本引之，千枝万叶莫不随也。夫精神者，所受于天也；而形体者，所禀于地也[4]。

注释

1 宁：心境安定，气息平和。

2 漠：不关心事物。

3 宅：暂时寄托的地方，并非长期的住宅。

4 禀：承受，天赋。

译文

上天寂静得以清明，大地稳定得以安宁，万物失去清宁必会死亡，依循清宁之性就能生生不息。寂静幽漠，是精神清明的宅舍；空虚无为，是大道安居的地方。故此，或许求道于外在，便会失去内在的大道；或者守道于内在，就失去外在的大道。好比根与梢的关系，从树根牵引树出来，千枝万叶无一不跟着动。精神，乃受感于天；而形躯身体，则从大地得来。

故曰：『一生二，二生三，三生万物。万物背阴而抱阳，冲气以为和[1]。』故曰：一月而膏[2]，二月而肤[3]，三月而胎，四月而肌，五月而筋，六月而骨，七月而成，八月而动，九月而躁，十月而生。形体以成，五脏乃形。是故肺主目[4]，肾主鼻，胆主口[5]，肝主耳。外为表而内为里，开闭张歙[6]，各有经纪。故头之圆也象天，足之方也象地。天有四时、五行、九解、三百六十六日，人亦有四支、五藏、九窍、三百六十六节。天有风雨寒暑，人亦有取与喜怒。

注释

1 “一生二”五句：引自《老子》。冲，注入，调匀。

2 膏：原注作“始育如膏也”，指生命的最初状态如膏脂般。

3 肤（dié）：本指骨节隆起的部分，这里指胚胎逐渐成长。

4 肺主目：中医认为五脏与五官有表里关系。传统中医基础理论是：肺开窍于鼻，肾开窍于耳，肝开窍于眼，心开窍于舌，脾开窍于口。

5 胆：与上述五脏不同，胆是六腑之首，胆与肝相表里。

6 歙（xī）：合。

译文

故此《老子》说：“由一产生二，二产生三，三产生万物。万物都是背负着阴气而抱持着阳气，阴阳二气交替流动，互相调和成为中和之气。”故此说人的生命孕育过程是：受孕一个月时，精卵黏结好像膏脂，第二个月开始膨胀起来，第三个月而成胎，第四个月生长肌肉，第五个月生长筋结，第六个月生出骨骼，第七个月形成人形，第八个月开始活动，第九个月胎儿躁动，第十个月便会出生。

形体全部长成之后，五脏才可以定形。故此肺部主管眼睛，肾脏主管鼻子，胆主管口部，肝脏主管耳朵。外面的五官是表象，内里为脏腑，五官按着大道而张开闭合，各自有准则。故此人的头部圆而像天，脚板方而像大地。天有春夏秋冬四季，水火木金土五行，八方和中央是九解，一年有三百六十六日，人亦有手脚四肢，五脏、九窍、三百六十六个关节。天有风雨寒暑的气候，人亦有情感上的取予和喜怒。

赏析与点评

天地生化理论大致有两种，第一种是根据《道德经·四十二章》的系统："一生二，二生三，三生万物"，接近正、反、合推演原理，或称为阴阳推续方式。第二种是《易经·系辞》的系统："易有太极，是生两仪，两仪生四象，四象生八卦"，这是平方根的数学原理。

夫天地之道，至纮以大[1]，尚犹节其章光，爱其神明，人之耳目曷能久熏劳而不息乎？精神何能久驰骋而不既乎[2]？是故血气者，人之华也；而五藏者[3]，人之精也。夫血气能专于五藏而不外越，则胷腹充而嗜欲省矣[4]。胷腹充而嗜欲省，则耳目清、听视达矣。耳目清、听视达，谓之明。五藏能属于心而无乖，则勃志胜而行不僻矣[5]；勃志胜而行之不僻，则精神盛而气不散矣。精神盛而气不散则理，理则均，均则通，通则神，神则以视无不见，以听无不闻也，以为无不成也。是故忧患不能入也，而邪气不能袭。

注释

1 纮：广大，宏阔。

2 驰骋：散乱奔腾，难以遏止。

3 藏：即“脏”字。

4 胷：即“胸”字。

5 勃志：强盛的理性意志。

译文

天地的大道，极为宏阔广大，天地尚且要节约它的光彩，爱惜它精神的澄明，人的耳目怎么可能长久劳虑而不休息呢？人的精神怎能够长久散乱奔腾而不耗尽呢？故此血气和五脏，是人的精华。血气能够专注于五脏的运行而不向外泄散，那么胸部和腹部便充实了，嗜欲的念头也减少了。胸腹充满而嗜欲减少，则耳朵和眼睛更清明，听觉和视野通达无阻。耳目清明，听力和视觉通达，可称为“明”。五脏能够受心的控制而不乖戾，那么人的旺盛之气占上风，行为便不会邪僻了。旺盛之气占了上风，行为不再邪僻，人的精神便会旺盛，而气血也不会散失了。精神旺盛而气不散失，便能够掌握道理规律，道理能够平衡，就会产生均势，有平衡均势，则会通达自然法规，通达自然法规，则精神饱满，

精神饱满，就能视无不见，听无不闻，用以做事，没有不成功的。故此忧愁祸患不能入侵，邪气也不能袭击了。

赏析与点评

此段与修炼气功的概念相近，有人认为修炼气功能令“气血畅通，百病不生”，改善循环系统，因为“血气者，人之华也”，气血饱满，皮肤气色自然华丽，内脏血气充盈，精力自然充沛，并加强防疫系统的机能。

以言夫精神之不可使外淫也[1]。是故五色乱目，使目不明；五声哗耳，使耳不聪；五味乱口，使口爽伤；趣舍滑心[2]，使行飞扬[3]。此四者，天下之所养性也，然皆人累也。故曰：『嗜欲者使人之气越[4]；而好憎者使人之心劳；弗疾去，则志气日耗。』

注释

1 外淫：流散，向外散失。

2 趣舍：即趋舍。滑：扰乱不定。

3 飞扬：骄傲放纵。

4 越：散失。

译文

这是说明精神不可向外散失。故此说五色令人眼花缭乱，使眼睛看不清楚；五声哗乱耳朵，使耳朵不灵敏；五味搅乱口舌，使口舌败坏；追逐名利扰乱心志，使行为骄傲放纵。这四种东西，是天下人养生的方法，然而却成为人们的负累了。故此说："嗜好欲望，令人的精气散失；喜好和憎恨，令人的心神疲劳；如不尽快抛弃欲望和爱憎，那么气血便会日渐消耗。"

赏析与点评

嗜欲减少，耳目的功能便会强化；精神饱满，人便有灵明的智慧。所谓："精足不思欲，气足不思食，神足不思睡。"养生要心身合一，调养形、气、神，以达到天人合一。

夫人之所以不能终其寿命而中道夭于刑戮者[1]，何也？以其生生之厚。夫惟能无以生为者，则所以修得生也[2]。夫天地运而相通，万物总而为一。能知一，则无一之不知也；不能知一，则无一之能知也。

注释

1 中道：人生半路中途。

2 修得生：即长生，刘安为避父“刘长”的名讳，于是把所有“长”字都改为“修”字。

译文

有些人不能得享天年而中途遭受刑罚被杀而死，这是什么原因呢？因为他们太过贪恋生命了。只有不以活命为目的，才可以修养生命。天地运行互相通达，使万物归而为“一”的大道。能够明白一的整全体用，就无一不知了；不能明白一的整全，则没有能力知道任何事物了。

赏析与点评

“一”是道，追寻真理睿哲，必须放弃眼前的一切执着，“人之所以不能终其寿命”，是因为贪心名利，耗费精神，以致减寿夭折。这道理看似人人皆知，但减少贪欲的人却很少。

夫悲乐者，德之邪也[1]；而喜怒者，道之过也；好憎者，心之暴也[2]。故曰：『其生也天行，其死也物化。静则与阴俱闭，动则与阳俱开。』精神澹然无极，不与物散，而天下自服。故心者，形之主也；而神者，心之宝也。形劳而不休则蹶[3]，精用而不已则竭，是故圣人贵而尊之，不敢越也。

注释

1 邪：对立偏邪不正的情况。

2 暴：暴戾，对心境造成负累损坏。

3 蹶：跌倒受损伤。

译文

过分的悲伤与快乐，是德行的偏邪；而狂喜和暴怒，超过了正道；喜好及憎恶，是心的负累。故此说：“生命的存在是天道的自然行为，死亡是物质的化解。精神宁静的时候，与阴气同时闭合，活动时则与阳气同时开显。”精神淡泊可延续至无极限，不随物质流散，天下自然会顺服于你的德行。故此人心是形体的主宰，精神则是心的珍宝。形体疲劳而不休息，便容易跌倒损伤；精神耗用不止便会衰竭。因此圣人十分珍重和尊崇精神，不敢超越使用精神正常的限度。

是故圣人以无应有，必究其理；以虚受实，必穷其节；恬愉虚静，以终其命。是故无所甚疏，而无所甚亲。抱德炀和[1]，以顺于天。与道为际，与德为邻；不为福始，不为祸先。魂魄处其宅，而精神守其根，死生无变于己，故曰至神[2]。所谓真人者[3]，性合于道也。故有而若无，实而若虚；处其一不知其二，治其内不识其外[4]。明白太素，无为复朴，体本抱神，以游于天地之樊[5]。芒然仿佯于尘垢之外[6]，而消摇于无事之业[7]。浩浩荡荡乎，机械知巧弗载于心[8]。

注释

1 抱德：在轻松愉悦的状态中，怀抱自然的道德。炀和：炀，通“养”。培养天地祥和之气。

2 至神：最为神妙活泼的境界。

3 真人：道家的理想人物，修得真道的人。

4 治其内：修养内心。不识其外：不受外间物欲引诱。

5 樊：樊篱，界限。

6 仿佯：自在而不受约束地游荡和徘徊。尘垢：俗世，尘世。

7 消摇：即“逍遥”。

8 机械：机巧的诈骗，虚伪的动机。

译文

故此圣人以无形应付有形，必定能深究其中的道理；以虚无承受实物，必定能探索其中的细节，他恬淡愉悦，虚无宁静，直至生命的终结。故此他没有特别疏远现实世界，也没有特别亲近事物。他怀抱自然的德，培养天地祥和之气，以顺应天性。他与大道融合，与德相伴，不成为幸福的开始，也不成为祸患的开端；他的魂魄安处在里面的住宅，而精神守卫着这个根源；生死对于他都没有改变，故称为进入“至神”的妙境。所谓“真人”得道者，其心性能够融合于大道。故此他有形好像无形，充实好像空虚；他精神专注于一处而不必知其二，修炼内在的道德心性，不受外间的变幻物欲引诱。他洁白纯真，无为淡然，回复真朴，躯体融和大道，抱持精神，遨游于天地界限之间。不受约束地徘徊于俗世尘垢之外，逍遥自在于无所事事的状态里。他心胸浩瀚坦荡而开朗，心中装不下机巧诈伪。

赏析与点评

文中说“以虚受实”，有些人不敢说自己是天下第一，因为他们认为天外有天，其实如实地讲出自己的能力、经验、创意等，只是显示出个人的实力。文中又指圣人“顺于天”，人只需顺着本性发挥潜能，并且“处其一不知其二”，把精神集中于一处，向着目标奔驰，不回头观望，这样就能领悟道。

另一方面，此段指圣人心胸坦荡，装不下“机械知巧”，现代的家长应学习这个道理，避免用尽“机械知巧”的心思为子女安排前程，因为孩子可能一生都不快乐，不如让他们自由地在生命道路上发奋竞跑。

是故其寝不梦，其智不萌，其魄不抑，其魂不腾。反复终始，不知其端绪，甘暝太宵之宅[1]，而觉视于昭昭之宇[2]，休息于无委曲之隅，而游敖于无形埒之野[3]。居而无容，处而无所，其动无形，其静无体，存而若亡，生而若死，出入无间，役使鬼神，沦于不测，入于无间，以不同形相嬗也[4]，终始若环，莫得其伦[6]。此精神之所以能登假于道也，是故真人之所游。

注释

1 甘暝：酣睡，睡得很甜美。太宵：长夜。

2 觉：灵明觉醒。

3 形埒：界限。

4 嬗（shàn）：演化，演变。

5 伦：事情的条理。

译文

故此真人睡觉时不做梦，他的智慧不会增加，他的阴魄不受抑制，阳魂不会飞腾耗散。他周而复始地运动，不知道他的开端。他酣睡在漫漫的长夜中，却又清醒地看到昭明的宇宙，他在看不到曲折边缘的太空休息，在无界限的广阔旷野中遨游。他的居所没有固定的容貌，安处时没有地方，行动时不见形态，静止时没有躯体。他存在着却又好像消失，活着好像死去。他能进入没有缝隙的地方，能够驱使鬼神。他沦陷于深远莫测之地，进入无间隙的地方。他以不同形象不断地变迁演化，从开始到终结好像圆环，人们不能得知其中的奥秘条理。这就是他的精神可以通达于大道的原因，这就是真人的行状。

化者，复归于无形也；不化者，与天地俱生也。夫木之死也，青青去之也。夫使木生者岂木也？犹充形者之非形也[1]。故生生者未尝死也[2]，其所生则死矣；化物者未尝化也[3]，其所化则化矣。轻天下，则神无累矣；细万物，则心不惑矣；齐死生，则志不慑矣；同变化，则明不眩矣。

注释

1 充形：令形体充实，指气能量。

2 生生者：令一切生生不息的力量，就是指大道。

3 化物者：能够化育万物的功能。

译文

形体化灭，即是复归于无形的宇宙；精神不死，可与天地并存。树木死后，青色便消失了。使树木生存，岂止是树木本身呢？这犹如充满形体的一切气能量，并非形体本身。故此产生生命的大道是不会死亡的，而由此产生的生命则会死去；化育万物的功能是不变的，而由此化育而生的万物则会变化。轻视天下的一切，那么精神就没有负累了；小看万物，心境便不会被诱惑了；将死生看成一样，意志就不会有所畏惧；把变化和没有变化看成是相同的，便会清晰明朗而不会眼花晕眩了。

赏析与点评

很多人为了个人利益和名位而耗损精神，缠绕在物欲的追求上，不断受诱惑所牵引。如要人们放弃名利、物质，就必须“齐死生”，连死生都不惧怕，悠然地视生死如一，这样才可令个人的意志力量变得巨大，消除一切恐惧，达到“志不慑矣”的境界。此外，如能够与事物同步变化，细心观察物质的花巧，就不会被花花的大千世界所迷倒。

今夫儒者，不本其所以欲而禁其所欲[1]；不原其所以乐而闭其所乐，是犹决江河之源而障之以手也。夫牧民者[2]，犹畜禽兽也，不塞其囿垣[3]，使有野心，系绊其足，以禁其动，而欲修生寿终，岂可得乎！夫颜回、季路、子夏、冉伯牛，孔子之通学也[4]。然颜渊夭死，季路菹于卫，子夏失明，冉伯牛为厉。此皆迫性拂情而不得其和也[5]。故子夏见曾子，一臞一肥[6]，曾子问其故，曰：『出见富贵之乐而欲之，入见先王之道又说之。两者心战，故臞。先王之道胜，故肥。』

注释

1 本：寻求，依据，探寻本源。所以欲：产生欲望的原因。所欲：贪婪的事物。

2 牧民：管治民众。

3 囿（yòu）：饲养禽兽的地方。垣：围墙。

4 通：全部。学：学生。

5 拂：违反，违背。

6 臞（qú）：瘦。

译文

现今的儒生，不去探求人类产生欲望的原因，只表面上禁制人们的贪婪事物；不探索人类追求享乐的原因，只片面禁止人们享乐。这样就像挖开长江和黄河的源头，却想用手堵塞水源一样。管治老百姓，好像畜养家禽兽类，不去堵塞围栏矮墙的缺口，它们便有野心逃走，再用绳索缚着它们的腿，禁止它们活动，想这样令老百姓长生寿终正寝，怎能做到呢？颜回、季路、子夏、冉伯牛，全部都是孔子的学生，然而颜渊早死，子路在卫国被剁成肉酱而死，子夏双目失明，冉伯牛身患恶疾。这都是因为压迫天性和背离人情所造成的不祥和结果。故此子夏先后两次见到曾子，一次瘦一次肥。曾子问子夏是什么原因，子夏说：“我出外看见富贵的人很快乐，便想得到富贵，回家后读了先贤的经典，非常愉悦。于是两者在内心交战，所以瘦了；最后先王的大道战胜了，于是我就肥了。”

赏析与点评

道家对于人类的欲望，不像儒家那样提倡用礼教来约束，而是要追本溯源。

故知其无所用，贪者能辞之；不知其无所用，廉者不能让也。夫人主之所以残亡其国家，损弃其社稷，身死于人手，为天下笑，未尝非为非欲也。夫仇由贪大钟之赂而亡其国[1]，虞君利垂棘之璧而擒其身[2]，献公艳骊姬之美而乱四世[3]，桓公甘易牙之和而不以时葬[4]，胡王淫女乐之娱而亡上地[5]。使此五君者，适情辞余，以己为度，不随物而动，岂有此大患哉？

注释

1 仇由：春秋时的小国，在山西省盂县附近。仇由的国君贪图晋国智伯馈赠的大钟，于是离开国都，晋国乘机攻取仇由，仇由因而亡国。

2 虞：周朝时的小国，在山西省平陆一带。虞国君因贪图晋国美玉，于是借道给晋军，晋国先灭虢国，回程时顺路消灭虞国。垂棘：晋国出产美玉的地方。

3 献公：晋国君主。

4 桓公：齐国君主。

5 胡王：西戎胡人的国王，因贪图女色而为秦国所灭。上地：上好肥沃的农地。

译文

因此，如果知道一件物品没有用处，贪婪的人就会抛弃它；如果不知道它有没有用处，廉洁的人不能辞让放弃它。一些君主之所以使国家残破衰亡，毁掉社稷，自己死于他人的手中，被天下人耻笑，没有不是因为胡作非为，过分贪心所致。仇由的国君贪图大钟的贿赂，导致国家灭亡；虞国君主贪图获得垂棘的美玉，因而被晋国擒拿活捉；晋献公贪恋骊姬的美貌，以致晋国四代人遭受祸乱；齐桓公喜欢喝奸臣易牙进献的人肉来调味，死后尸体腐烂生虫不能及时下葬。西戎胡王沉迷于女色淫乐，结果失去了上好的土地。假使这五位君主能适当地控制自己的情欲，舍弃多余的物质和欲望，以自己正常的需要为限度，不跟随外物的诱惑而动贪念，哪会导致如此大的祸患呢？

故射者非矢不中也，学射者不治矢也；御者非辔不行[1]，学御者不为辔也。知冬日之箑、夏日之裘无用于己[2]，则万物之变为尘埃矣。故以汤止沸，沸乃不止，诚知其本，则去火而已矣。

注释

1 辔（pèi）：驾驭牛、马的缰绳。

2 箑（shà）：用竹或羽毛制造的扇子。

译文

所以射箭的人，一定会用箭头射中目标，然而学射箭的人，就是自己不制造箭；驾驭车马的人，不能没有控制缰绳的技术，然而学驾驭的人，就是自己不制造缰绳。知道扇子在冬天、皮衣在夏天对于自己都是没用的，所以没有用的万物都变为尘埃一样了。故此加热水到锅里以遏止沸腾，水的沸腾是不能停止的。如果真正明白事物的根本，只要除去柴火，消灭火种，就可止息水沸了。

赏析与点评

现实之中，很多人都没有深入探索问题的根本原因，或马虎处理，或维持现有利益，或许智慧不足。其实要彻底解决难题，不一定困难，文中说“故以汤止沸，沸乃不止，诚知其本，则去火而已矣”，最重要的是掌握本源的关键，一击即中，便能迎刃而解。

卷八　本经

本卷导读

本卷原题解是："本，始也。经，常也。本经造化出于道，治乱之由，得失之常，故曰'本经'。"这里"本"是原本、根本，"经"是经常的意思。本卷的内容就是指出治国之道必须运用大道的原始根本方法，并且经常维持这个原则，顺道而无为，清静而应世，这样便可以拨乱反正。卷中又指出王者必须修心养性，去除贪欲，成为道德高尚的治国仁君。此外，王者又要以身作则，爱民节俭，调整经济和财富的分配，令百姓贫富均衡，减少社会纷乱。本卷以上古圣王的治国道德来比对末世君王的成败得失，段落井然，说服力强。

太清之始也[1]，和顺以寂漠，质真而素朴，闲静而不躁[2]，推移而无故，在内而合乎道[3]，出外而调于义，发动而成于文[4]，行快而便于物。其言略而循理，其行侻而顺情[5]，其心愉而不伪，其事素而不饰，是以不择时日，不占卦兆，不谋所始，不议所终，安则止，激则行，通体于天地，同精于阴阳，一和于四时，明照于日月，与造化者相雌雄。是以天覆以德，地载以乐[6]，四时不失其叙，风雨不降其虐，日月淑清而扬光[7]，五星循轨而不失其行。

注释

1 太清：原始清气与物质分离的开始，天地阴阳刚刚形成。

2 躁：受到扰乱，妄动。

3 内：精神，精、气、神。

4 发动：即行动。文：文理，这里指合道的文章或规则。

5 侻（tuō）：坦率而不拘小节。

6 地载以乐：大地为万物提供快乐的家园及环境。

7 淑清：清澈明朗的样子。

译文

宇宙太清的开始，容和顺畅，安静淡漠，本质纯真而且朴素，闲适平静而不浮躁，任凭事物自然推移发展而不加限制。圣王的内在精神切合大道本体，其外在行为与公义协调，他的行为成为法度规则，行事快捷，方便人情与事物。他的言词简略而遵循大道天理，行为坦率不拘小节而随顺人情，他心境愉悦而不伪装，做事朴素而不掩饰，因此他做事无须特别选择时间日子，也不占卜求卦，不过分谋虑如何开始，不议论最终的结果，事物安逸时便停止，事物激发时便行动，贯通整体于宇宙之间，让精神和阴阳互相融汇，一起和合四季，光明照耀于日月，与造化万物互相往来。因此天把德泽施予万物，大地为万物提供快乐的环境，四季气候不会失去秩序，风雨不会过分暴虐，日和月清澈明亮，放射着柔和的光彩，金、木、水、火、土五星循着轨道运行而不会偏离轨迹。

赏析与点评

对于君子的善德行为与道的感应有一种比喻，天地的大道好比一个鼓，君子的善德越多，这大道之鼓就会被善德击打，发出鼓声，最终回馈到君子的生命上，净化人生。

是故上下离心，气乃上蒸[1]，君臣不和，五谷不为。距日冬至四十六日，天含和而未降，地怀气而未扬，阴阳储与，呼吸浸潭[2]，包裹风俗，斟酌万殊[3]，旁薄众宜，以相呕咐酝酿[4]，而成育群生。是故春肃秋荣，冬雷夏霜，皆贼气之所生。由此观之，天地宇宙，一人之身也[5]；六合之内，一人之制也。是故明于性者，天地不能胁也；审于符者，怪物不能惑也。

注释

1 上蒸：指清和之气向上蒸发，不留在人间。

2 浸潭：滋润。

3 斟酌：仔细安排。万殊：万般不同的事物。

4 呕（xū）咐：培育抚养。

5 一人之身：一个人的身体，包含宇宙的一切，是天地的缩影，这是传统人与自然相通的观点。

译文

故此上下离心离德，大道清和之气便上升，君主和臣子不和睦，五谷就不能成熟。由立冬至冬至有四十六天，上天含藏的和气没有降下，大地怀着的阴气没有上升，阴阳二气在游离的状态，互相吸收润泽，包容了一切风俗，吸纳了不同的内涵，仔细安排万般不同的事物，遍及众生使其各得其宜，互相抚养培育调配，最终化育了万物的生命。故此不正常的邪气造成春天的肃杀，而秋天的正气则变得荣盛，冬天打雷，夏天降霜，这都是贼邪风气所产生的反常气象。由此看来，天地宇宙，好像一个人的身体；六合范围之内，运行秩序井然，就像一个人的形体和功能。因此明白人类天性的人，天地的变化不能威胁他；明察天地符号的人，怪异的物象也不能迷惑他。

故圣人者，由近知远，而万殊为一。古之人，同气于天地，与一世而优游。当此之时，无庆贺之利[1]，刑罚之威，礼义廉耻不设，毁誉仁鄙不立，而万民莫相侵欺暴虐，犹在于混冥之中[2]。

逮至衰世，人众财寡，事力劳而养不足，于是忿争生，是以贵仁。仁鄙不齐，比周朋党[3]，设诈谞[4]，怀机械巧故之心，而性失矣，是以贵义。阴阳之情，莫不有血气之感，男女群居杂处而无别，是以贵礼。性命之情，淫而相胁，以不得已，则不和，是以贵乐。

注释

1 庆贺：庆贺奖赏。

2 混冥：混沌初开的天真纯朴状态。

3 比周：聚结成群体，而营谋私利。

4 谞（xū）：阴谋。

译文

所以圣人能够从眼前的事知道遥远的事物，把万样不同的事物视为一贯的道理。古代的人与天地同气，他和整个世界优游地生活。在这个圣人治理的时期，没有庆贺奖赏的利益，没有刑罚的威迫，没有设立礼义廉耻的条文，没有确立诽谤、赞誉、仁德和卑鄙的观念，但是百姓不会互相侵害、欺骗和残害，人们还处在混沌初开的状态。

到了衰败的世道，人口增多而财物很少，人们做事劳碌而供养不足，于是产生了愤怒，彼此你争我夺，因此人们就提倡仁爱。仁慈君子和卑鄙小人不能一致，他们勾结朋党营谋私利，设计诈骗阴谋的手段，怀着机谋巧伪的心，丧失了人性，因此人们就提倡正义。人有阴阳男女的情欲，都有血气方刚的感受，男女聚集一起而没有分隔是有伤害的，因此人们就提倡礼。人有情欲，如果无节制地宣泄，就会威胁到对方的生命，令人不能应付，形成不和，因此就提倡乐，以疏导过多的情绪。

赏析与点评

此段指出圣人视“万殊为一”，他们会跟随大道的事物，优游随顺，他们所行的就是“德”，无需大道理来约束人性。不过礼乐教化仍有其重要性，例如小孩一旦说谎，就会破坏诚信，日后可能难以改正，所以成年以前的礼乐教化是非常重要的。

是故仁义礼乐者，可以救败[1]，而非通治之至也[2]。夫仁者所以救争也，义者所以救失也，礼者所以救淫也；乐者所以救忧也。神明定于天下而心反其初，心反其初而民性善，民性善而天地阴阳从而包之，则财足而人澹矣；贪鄙忿争不得生焉。

注释

1 救败：挽救道德败坏的社会。

2 通治之至：最高、最彻底的管治目标。

译文

所以说仁义礼乐这些规范，可以挽救道德败坏的社会，但它们却不是最全面彻底的管治方法。提倡仁，可以防止争夺杀戮；提倡义，可以防止信用的失落；提倡礼，可以防止淫乱的行为；提倡乐，可以防止忧伤的情绪。以道来安定国家天下，人的心就返回天真无欲的初始境界；人的心能够返回初始状态，民众的心就会变得善良；民众的心善良，天地阴阳自然会跟从，与民性融合为一，这样财富便会充足，令人情绪平淡，贪心、鄙陋、愤怨、争斗的行为便不会发生了。

赏析与点评

其实一般老百姓都是“财足而人澹”，不会贪婪非分内的名利，大部分人都是“民性善”，统治者只须用简单的礼乐调剂人性，便可令社会形成和谐的氛围。此段又指出治国不须用深奥的道理，只要顺着人性的基本要求，调节情绪的波动，官员以身作则，与民同乐，并且慰问人民的需求，均衡财富就可以了。

是故德衰然后仁生，行沮然后义立[1]，和失然后声调，礼淫然后容饰[2]。是故知神明然后知道德之不足为也，知道德然后知仁义之不足行也。知仁义然后知礼乐之不足修也。

注释

1 沮：败坏，腐化。

2 容饰：仪容的修饰和整理，这里指制定礼法。

译文

故此品德衰落后才产生仁，品行败坏后才会确立义，丧失和谐的情感后才用音乐来调节，淫逸之风流行后才制定礼。因此懂得依靠大道治世，然后就会明白德不值得提倡了；明白德的作用后，就知道仁义不值得推行了。知道仁义的作用后，便知道礼乐不值得修养了。

赏析与点评

道德本是纯朴的，可是现今社会制造了各种各样的假道学，且成为美丽的礼教令人盲目跟随，这种背道而驰的现象，人们必须自己想办法扭转过来。

故至人之治也，心与神处，形与性调，静而体德[1]，动而理通。随自然之性而缘不得已之化[2]，洞然无为而天下自和，憺然无欲而民自朴，无禨祥而民不夭[3]，不忿争而养足，兼包海内，泽及后世，不知为之谁何。

注释

1 体：依照。

2 缘：顺从，遵循生命当中的因缘。

3 禨（jī）祥：吉兆。

译文

故此至德的人管治天下，内心和精神共存，形躯和天性和谐一致，他在清静中能体会道德真谛，行动时能通达事理。他顺随自然的天性，顺从事物的自然规律去变化，混混沌沌无所作为，天下便自然和谐。他淡泊无欲无为，人民也自然纯朴，没有鬼神的吉兆，人民不会夭折。百姓没有愤怒和争斗，生活供养充足。他的德泽遍布天下，恩泽延续后世，但人们不知道谁施予这些恩德。

帝者体太一[1]，王者法阴阳[2]，霸者则四时[3]，君者用六律[4]。秉太一者，牢笼天地[5]，弹压山川，含吐阴阳，伸曳四时[6]，纪纲八极[7]，经纬六合[8]，覆露照导，普泛无私[9]，蠉飞蠕动，莫不仰德而生。阴阳者，承天地之和，形万殊之体，含气化物，以成埒类[10]，赢缩卷舒，沦于不测，终始虚满，转于无原。四时者，春生夏长，秋收冬藏，取予有节，出入有时，开阖张歙[11]，不失其叙，喜怒刚柔，不离其理。六律者，生之与杀也，赏之与罚也，予之与夺也，非此无道也。

注释

1 帝：上古圣帝。体：取法，效法，遵从。太一：形成天地万物的元气。

2 王者：天子明王，使人信服。

3 霸者：在诸侯国之中能够称霸者，令人慑服。

4 君者：未称王的小国君主。

5 牢笼：笼罩，包揽。

6 伸曳：调和，控制。

7 纪纲：管辖。

8 经纬：治理，规划有条理。

9 普泛：普遍广泛。

10 埒类：有形的物类。

11 歙（xī）：收敛。

译文

圣帝取法太一的大道，明王效法阴阳，霸主以四时为原则，国君使用六律。太一大道，以元气包揽天地宇宙，征服所有山川，调配阴阳，控制调和四季，管理八方，规划六合上下，覆盖、展露、显照、引导万物，无私广泛地施恩惠予一切物类，包括飞行和爬行的生物，没有一类不是仰仗它的恩德而生存的。阴阳，承接天地的中和之气，形成万物不同的形体，含藏着元气化育物类，以造成各种不同的生物。它长短伸缩，进入不能测量的领域，来回于开始和终结，从空虚到满溢，辗转于无法探究的根源。它能够掌握四时的变化，春天生育，夏天成长，秋天收获，冬天储藏；收取和给予都按节令而行，进出依时；开闭张合，不会失去它的秩序，喜怒刚柔，不会离开它的道理。六律，是指生和杀、赏和罚、给予和夺取，除了这六项，没有其他方法。

是故体太一者，明于天地之情，通于道德之伦，聪明耀于日月，精神通于万物，动静调于阴阳，喜怒和于四时，德泽施于方外[1]，名声传于后世。法阴阳者，德与天地参，明与日月并，精与鬼神总，戴圆履方，抱表怀绳[2]，内能治身，外能得人，发号施令，天下莫不从风。

注释

1 施于方外：施行延伸至国家之外，例如协助邻国救灾。

2 绳：正直。

译文

因此，体会太一天道治天下的人，明白天地之间的性情，贯通于道德之间的条理。他的聪明照耀日月，精神汇通于万物。他的动静行为与阴阳协调，喜怒与四季调和，善德惠泽延伸于四方以外，良好的名声流传后世。效法阴阳的人，其道德与天地参赞化育，清明与日月并立，精神与鬼神一体，头顶圆浑的上天，脚踏方正的大地，抱着圭璧礼敬，心怀正直，对内可以治理身心，对外可以得到人民拥戴，他发号施令时，天下无不闻风跟从。

帝者体阴阳则侵，王者法四时则削，霸者节六律则辱，君者失准绳则废。故小而行大，则滔窕而不亲[1]；大而行小，则狭隘而不容。贵贱不失其体，而天下治矣。天爱其精[2]，地爱其平[3]，人爱其情。天之精，日月星辰雷电风雨也；地之平，水火金木土也；人之情，思虑聪明喜怒也。故闭四关[4]，止五遁[5]，则与道沦。

注释

1 滔窕：空虚，不充实。

2 精：精气。

3 平：平而正。

4 四关：心、口、耳、眼。

5 五遁：依照下文，应指精神因五种物质享受而过度消耗和散失。

译文

帝王取法阴阳，就会被侵扰；王者效法四季，力量会被削弱；霸主使用六律，则会受到侮辱；君主失去准绳法度，则会被罢黜。故此地位较低的小国君主，如实行大的治国法则，便会显出疏漏空泛而令下属远离；地位高的帝王如推行小的治国法则，便会显得狭隘而不能包容天下。贵贱都不失去个人的准则，天下就可以大治了。上天爱惜它的精气，大地爱惜它的平静，人类爱惜他自己的性情。上天的精气，有日月、星辰、雷电、风雨；地的平静，有水、火、金、木、土；人的性情，有思虑、聪明和喜怒。因此关闭四关，防止精神因五种物欲而过度消耗散失，便可以与大道共同浮沉。

赏析与点评

“各司其职”是现代管理的重要守则。人人互相配合，才能组成有动力的团队。

是故神明藏于无形，精神反于至真，则目明而不以视，耳聪而不以听，心条达而不以思虑，委而弗为，和而弗矜，冥性命之情，而智故不得杂焉。精泄于目则其视明，在于耳则其听聪，留于口则其言当；集于心则其虑通。故闭四关则身无患，百节莫苑[1]，莫死莫生，莫虚莫盈[2]，是谓真人。

注释

1 百节莫苑：关节不生病，手脚活动正常，没有退化的现象。

2 莫虚莫盈：不虚空也不盈满，是一种均衡的中道状态。

译文

故此精神隐藏在无形的状态之中，精气神返回最真最朴素的境界内，眼睛便会清明而不用它看外间的事物，耳朵聪敏而不用它听声音，心中思维条理通达而不用思虑其他问题。舍弃外物而不做什么，和顺而不自大，暗藏性命的情绪，智慧就不会被机巧所混杂。精气通到眼睛则视线明亮，存于耳朵里则听觉聪敏，留在口里则言词恰当，集中于心则思维畅通。因此封闭四关身体就没有祸患，人体所有关节不会生病，不死也不生，不虚空也不盈满，这就是真人。

凡人之性，心和欲得则乐，乐斯动[1]，动斯蹈，蹈斯荡，荡斯歌，歌斯舞，歌舞节则禽兽跳矣。人之性，心有忧丧则悲，悲则哀，哀斯愤，愤斯怒，怒斯动，动则手足不静。人之性，有侵犯则怒，怒则血充，血充则气激，气激则发怒，发怒则有所释憾矣[2]。

注释

1 斯：则，跟着。

2 憾：怨怼，愤恨。

译文

一般人的性情，心境融和，欲望得到满足就会感到快乐，快乐时心便鼓动起来，鼓动后会手舞足蹈，手足活动起来，全身跟着摇摆，摇摆就会唱歌，唱歌便随着起舞，歌舞节拍配合，好像禽兽一样跳跃起来。人的性情，心中有忧愁便会产生悲伤，悲伤会成为哀痛，哀痛会变为愤慨，愤慨又会令人发怒，发怒会使人有所动作，有动作就令手足不能安静。人的性情，当遭受侵犯就会愤怒，愤怒会使血液上充，血液上充会使脾气激动，气激会爆发怒火，怒火爆发了便会解除了一些愤恨。

赏析与点评

“音乐”与“快乐”都同样由“乐”字组成，圣人作乐曲令人愉悦，使人心中产生和音而快乐，人将情绪化为有节奏的调子，化戾气为祥瑞，便会唱歌跳舞。

古者上求薄而民用给[1]，君施其德，臣尽其忠，父行其慈[2]，子竭其孝，各致其爱而无憾恨其间。

注释

1 给：丰足，供给充足。

2 慈：长者对幼小或弱势人士的爱心。

译文

古代的君主自求微薄的生活，而人民富足，君主施行德政，臣下官员尽忠职守，父亲施予慈爱，子女竭力孝敬父母，各人致力付出和表达爱心，这样人与人之间便没有遗憾和憎恨了。

赏析与点评

此段说“上求薄而民用给，君施其德”，如果在上位的领导者俭朴节用，使民众丰衣足食，这就是德政。

晚世务广地侵壤[1]，并兼无已，举不义之兵，伐无罪之国，杀不辜之民[2]，绝先圣之后，大国出攻，小国城守，驱人之牛马，傒人之子女[3]，毁人之宗庙，迁人之重宝，血流千里，暴骸满野，以澹贪主之欲，非兵之所为生也。故兵者，所以讨暴，非所以为暴也。乐者，所以致和，非所以为淫也。丧者，所以尽哀，非所以为伪也。故事亲有道矣[4]，而爱为务；朝廷有容矣[5]，而敬为上；处丧有礼矣，而哀为主；用兵有术矣，而义为本。本立而道行，本伤而道废。

注释

1 务：尽力做事。

2 不辜：无罪的人。

3 傒（xì）：拘禁。

4 事：侍奉。

5 容：仪容，这里指礼法制度。

译文

近世的诸侯尽力扩张领土，侵拼别国的土地，永无休止，他们领着不正义的军队，攻打没有罪过的国家，杀害无辜的平民，灭绝以往圣人的后代。大国进攻，小国守护城池，驱赶别人的牛马，拘禁他人的子女，毁坏别人的宗祠庙宇，搬走他人的国宝，流血数千里，骸骨曝晒在整个荒野，用以满足贪婪君主的欲望，这不是军队存在的原因。故此军队的作用，应是讨伐暴戾，并非以此制造暴力。音乐的功能，是用来达致祥和，并非成为淫乱的工具；举行丧事，是用来表达哀伤的，并非要虚伪。因此侍奉双亲有道的人，要尽力去敬爱双亲；朝廷是有礼法制度的，尊敬的心是最重要的；处理丧事有一定礼仪，但以表达悲哀之情为主；用兵有技巧谋略，但要以仁义为根本。根本确立了，道德便可实行；根本受到伤害，道德就会破损。

赏析与点评

现代一些人以形式为主，不知道“事亲有道矣，而爱为务”，其实孝道的本体是敬爱双亲，以感恩的心回报父母生养的大德。当一个人对生命的根本都不感恩，跋扈嚣张，他对其他事物便会更麻木不仁。

卷九　主术

本卷导读

本卷原注题解说："主，君也。术，道也。君之宰国统御臣下，五帝三王以来，无不用道而兴，故曰'主术'也。""主"是君主，"术"是治国之道，本卷全面地论述了君主的治国之道，其原则是无为而治，"人主之术，处无为之事，而行不言之教。清静而不动，一度而不摇。"当中指出在上位者"至诚、至精"，不必扰民，只须挑选贤臣，让臣下发挥才能，以及调节各部门的力量，公正严明地施行法律，将工作系统化，简约工作，从而令国家升平康泰。

此卷所述与现代人管治国家或企业有很多相通的部分，读者不妨学习本卷的管理原则和应用方法。

人主之术[1]，处无为之事[2]，而行不言之教[3]。清静而不动，一度而不摇[4]，因循而任下[5]，责成而不劳。是故心知规而师傅谕导，口能言而行人称辞[6]，足能行而相者先导[7]，耳能听而执正进谏。是故虑无失策，谋无过事，言为文章，行为仪表于天下[8]。进退应时，动静循理，不为丑美好憎，不为赏罚喜怒，名各自名，类各自类，事犹自然，莫出于己。

注释

1 术：解作“道”，用行动或方法达到道的自然秩序。

2 处：实行应用。

3 不言之教：不用言语，潜移默化地教育他人。

4 一度：集中在唯一的自然法度之内。

5 因循：循着事物的法规，不加干预。

6 行人：官职名称，负责安排诸侯觐见天子，或代表天子出使聘问诸侯。

7 相者：赞礼人，辅助礼仪的官员。

8 仪表：礼仪的规范法则。

译文

君主管治天下的方法，应实行无为之治，不以言语说教。君主清心宁静而不妄动，集中于自然法度而不摇摆，循着事物的法规任用下属，监督他们而不会令自己疲劳。故此领袖心里知道规范，仍然会接受老师的劝谕辅导，能言善辩却会接受官员建议的辞令，双脚可以行走却接受赞礼人引导，耳朵能听却让执行政务的人提出谏言。因此，君主考虑问题时不会做出错误的决策，筹谋事情时不会犯错，言语成为优雅的文章，行为成为社会礼仪的法则。进退都适合时宜，活动和安静都依循道理，不会因为丑陋、美丽而产生喜恶之情，不会因为受到赏罚而快乐发怒，各人自得其名分名声，同类的人各自聚集，让事情顺其自然地演变，这些都不是君主个人造成的。

赏析与点评

高层领导不应管理太过细微的事情，也不应经常干扰下属，因为每个人都有自己的想法，只要是出于“自然”、“公义”，便应放手，赞赏下属已经足够。

夫目妄视则淫，耳妄听则惑，口妄言则乱。夫三关者，不可不慎守也。若欲规之[1]，乃是离之；若欲饰之，乃是贼之[2]。

注释

1 规：用规矩约束。

2 贼：败坏。

译文

眼睛乱看就会淫邪，耳朵乱听就会被迷惑，嘴巴乱说话就会造成混乱。目、耳、口这三个关口，不可以不谨慎守卫。如果想设定规矩约束它们，就会使它们分离；如果想装饰它们，就会使它们败坏失误。

末世之政则不然，上好取而无量，下贪狼而无让，民贫苦而忿争，事力劳而无功，智诈萌兴，盗贼滋彰，上下相怨，号令不行。执政有司，不务反道矫拂其本，而事修其末，削薄其德，曾累其刑，而欲以为治，无以异于执弹而来鸟，捭棁而狎犬也[1]，乱乃逾甚。夫水浊则鱼噞[2]，政苛则民乱。

注释

1 捭（bǎi）：挥动，拿起。棁（tuō）：木杖，木棍。

2 噞（yǎn）：鱼浮出水面呼吸。

译文

近世的政治则不同，上层官员贪索无度，下层官员贪心得如狼虎般不退让，人民因贫穷受苦而互相仇恨争夺，做事辛劳却没有成果，巧智诈伪兴起，盗贼滋长蔓延，社会上下互相怨怼，政府的号令不能施行。执政和司法机构的官员不返回正道，反而违反治国的根本，从事微末的工作，削弱了政府的仁德，不断增加刑法，想以此来治国，这就好像手执弹弓却想雀鸟飞来，挥动木棍却想逗狗玩耍，这只会令混乱的情况加剧。水污浊时，鱼便会浮出水面呼吸，政策苛刻，人民就会作乱。

是以上多故则下多诈，上多事则下多态[1]，上烦扰则下不定，上多求则下交争。不直之于本，而事之于末，譬犹扬堁而弭尘[2]，抱薪以救火也[3]。故圣人事省而易治，求寡而易澹，不施而仁，不言而信，不求而得，不为而成。

注释

1 多态：很多做作的姿态。

2 堁（kè）：尘土，灰尘。弭（mǐ）：消除，清理。

3 薪：柴草，可燃烧的木料。

译文

因此在上位者诡计多端，下属也会诡诈；在上位者常做事炫耀，下属也会很多巧饰姿态；在上位者烦扰多变，下属便会不得安宁；在上位者贪心多求，下属就会互相争斗。不让他们植根于根本上，反而在末节上做事，好像扬起灰尘来清理飞尘，抱着柴草去救火。故此圣人做事简省而容易管治，要求少而容易知足，不须特别施恩却自然显出仁爱，不用刻意说话而具备诚信，不强求而有收获，不做什么而有所成就。

赏析与点评

此段说明了为政不须制造太多烦扰的事情，因为“事省而易治”。

故曰：乐听其音则知其俗[1]，见其俗则知其化[2]。孔子学鼓琴于师襄，而谕文王之志[3]，见微以知明矣。

注释

1 乐：音乐，礼乐教化。

2 化：文化教育。

3 谕：比喻，由此而知道或明白。

译文

故此说：关于礼乐教化，听到当地的音乐声韵，可以知道当地的风俗；看到当地的风俗习惯，可以知道当地的教育情况，明白礼乐的感化作用。孔子向师襄学习琴艺，由此明白周文王的志愿，通过细微的事物和音乐语言，可以推知更广阔明朗的意旨。

赏析与点评

所谓“言为心声”，只要细听人言，便可以知道人的思想。为政者必须多听民歌，了解人民的要求，及早疏导民怨，这样便能令社会更和谐。

今夫权衡规矩，一定而不易，不为秦、楚变节[1]，不为胡、越改容[2]，常一而不邪，方行而不流，一日刑之，万世传之，而以无为为之。故国有亡主，而世无废道；人有困穷，而理无不通。由此观之，无为者，道之宗[3]。故得道之宗，应物无穷；任人之才，难以至治。

注释

1 变节：气节丧失了，向敌人投降。

2 改容：改变礼仪的妆容，包括衣服和面部化妆。

3 宗：宗旨目的，根本。

译文

现今人们使用的权衡规矩，一旦定立了标准就不会更改，不能因为秦、楚两国强大而变更节操投降，不能因为胡、越两地的艳丽妆饰而改变外貌仪容。保持不变恒常的标准就不会偏邪，只做耿直的行为就不会流于俗世，一日将它作为标准，便万代承传下去，以无为的原则做事。故此国家有灭亡的君主，而世上没有废弃大道；人会有困难贫穷，但是道理没有行不通的时候。由此看来，无为不做作，是道的根本。因此得到道的根本，便能应对事物无穷变化；单凭人的才智，是难以达到治理天下的理想的。

无罪者而死亡，行直而被刑，则修身者不劝善[1]，而为邪者轻犯上矣。故为惠者生奸，而为暴者生乱。奸乱之俗，亡国之风。是故明主之治，国有诛者而主无怒焉，朝有赏者而君无与焉。诛者不怨君，罪之所当也；赏者不德上，功之所致也。

注释

1 不劝善：不推行道德，劝人行善。

译文

无罪的人死亡，行为正直的人受刑罚，于是修身的人就不会劝人行善，而行为奸邪的人便敢于犯上作乱了。故此胡乱给予恩惠会助长奸邪，乱行暴政便会导致动乱。奸邪混乱的习俗，就是亡国的歪风。因此，在英明的君主的治理下，国内有被诛罚的犯人，但君主没有发怒，朝廷有官员被论功行赏，但不是出自君主。被诛罚的人不埋怨君主，因为他们犯罪后是理应受到惩罚的；受奖赏的人没有感谢君主，因为他立下功劳是应该得到赏赐的。

赏析与点评

君主清明而简朴，赏罚分明，不妄杀无辜，所以“诛者不怨君”，罪犯自觉应该受罚，这样可警示其他想犯法作恶的人。

清静无为，则天与之时；廉俭守节，则地生之财；处愚称德，则圣人为之谋。是故下者万物归之，虚者天下遗之。夫人主之听治也，清明而不暗，虚心而弱志。是故群臣辐凑并进，无愚智贤不肖，莫不尽其能。于是乃始陈其礼，建以为基。

译文

君主保持清静无为，上天便会给予时机；君主廉洁俭约守节，大地便会生出财富；君主安守愚拙，做事合乎道德，圣贤的人自然会为他出谋献策。故此低下谦让的人，万物都会归附他，虚松宽大的人，天下都会归他所有。君主听到人民的声音而治国，清明而不昏庸，怀着谦虚的心，减少个人的欲望。因此所有大臣都像辐条汇聚到车毂般凑近在君主身边，与君主一起努力前进，无论是愚智贤良和不肖，没有不竭尽所能的。这时才可开始陈述和准备当中的礼制，建构治理天下的基础。

赏析与点评

廉洁节俭，自然能积累财富，即使君主愚拙，但如他有道德，仍会获得圣者襄助。宏观地听取不同人的看法，“无愚智贤不肖，莫不尽其能”，对事不对人地考虑智者或愚者的意见，才会获得最好的解决办法。

主道员者，运转而无端，化育如神，虚无因循，常后而不先也；臣道员者[1]，运转而无方，论是而处当，为事先倡，守职分明，以立成功也。是故君臣异道则治[2]，同道则乱[3]。各得其宜，处其当，则上下有以相使也。

注释

1 臣道员者：王念孙认为应为“臣道方者”，以方圆对比，较合文意，此处用方正的解释。

2 异道则治：君主决策，臣子执行，互相配合，虽然异道，治国的目标却是一致。

3 同道则乱：指臣子只会躲在君主背后做附和的应声虫。

译文

君主的治国策略是活泼圆通的，便能周而复始运转不停，看不见开端，化育万民有如神灵；虚无宽大，依循法则，时常保持在后面而不争着先行。臣子的辅佐策略是方正有规范的，运转的时候没有硬直的方矩，说话正确，处事妥当，做事争先，坚守分明的职责不会推搪，以此来建立功业。故此君主无为而圆，臣子的策略有为而方，二者不同的处事方式互相配合，天下便会太平；君臣使用相同的策略则会形成混乱。各人得到适宜的工作方法，处在恰当的位置，这样上下便能互相配合使用了。

赏析与点评

每个岗位必须“守职分明”才可以互相配合，此段提出“君臣异道则治”，认为君臣有不同的处事方式，便可找到最好的解决方案。

所任者得其人[1]，则国家治，上下和，群臣亲，百姓附。所任非其人，则国家危，上下乖，群臣怨，百姓乱。故一举而不当，终身伤。得失之道，权要在主。是故绳正于上，木直于下，非有事焉，所缘以修者然也。故人主诚正，则直士任事[2]，而奸人伏匿矣；人主不正，则邪人得志，忠者隐蔽矣。

注释

1 得其人：得到合适的人选。

2 直士：正直而忠勇的人士。

译文

君主得到合适的人选，国家便可大治，上下和睦，大臣们彼此亲近，老百姓归附。如果用人不合适，国家便会危险，上下乖心背离，大臣们怨声载道，老百姓乱七八糟。故此一个举动不适当，便终身受害。国政得与失之间的道理，关键的因素在于君主的权衡。所以绳墨在上面拉正，下面的木料便取得直，不需要工匠费劲，只要按着拉直的墨线就有所成。因此君主如果诚信正直，正直忠勇之士便会任职做事，而奸邪小人就会伏匿了；如果君主不正直，奸邪小人便会得志，忠诚的人就会隐退了。

赏析与点评

君主以至现代的企业主席的最重要工作，就是寻找合适的将帅宰相或总经理，以便治理大小事务。“故人主诚正，则直士任事，而奸人伏匿矣”，在上位者只要纯洁、有诚信、正直，奸邪小人便不敢破坏或窃取利益。

法者，天下之度量，而人主之准绳也。县法者[1]，法不法也[2]；设赏者，赏当赏也。法定之后，中程者赏[3]，缺绳者诛[4]。尊贵者不轻其罚，而卑贱者不重其刑，犯法者虽贤必诛，中度者虽不肖必无罪，是故公道通而私道塞矣。古之置有司也，所以禁民，使不得自恣也。其立君也，所以剬有司[5]，使无专行也。法籍礼仪者，所以禁君，使无擅断也。

注释

1 县法：颁布法律。县，同“悬”，挂上。

2 法：按照法律方式去处理。不法：不法之徒，罪犯分子。

3 中程：符合法律的奖赏制度。

4 缺绳：触犯法规。

5 剬（zhì）：同“制”，约束。

译文

法制，是天下的度量衡，而且是君主的规矩准绳。国家颁行法律条文，是为了按照规条方法惩罚不法分子；设立奖赏制度，是为了奖赏有功勋的人。法制定立之后，符合奖赏制度的人就要加以奖励，触犯法规的人就要治罪惩罚。尊贵的人不会因其身份而获减轻刑罚，而卑贱的人也不会因其身份而加重刑责；犯法的人虽然以往贤能，但同样会受到刑罚，守法的人虽然没有才能，也不会无端加罪，故此社会的公义道理通行，而徇私的歪路就被堵塞了。古代设置司法官员，是为了约束民众，防止他们恣意妄为；设立君主制度，是为了约束官员，防止他们专权横行；制定宗法礼仪制度，是用来约束君主，使他不能擅自独断胡行。

赏析与点评

古代的君主受到“礼仪”约束，必须规行矩步，以身为榜样，教化民众。

法者，非天堕，非地生，发于人间而反以自正。是故有诸己不非诸人，无诸己不求诸人。所立于下者不废于上，所禁于民者不行于身。所谓亡国，非无君也，无法也；变法者，非无法也，有法者而不用，与无法等。是故人主之立法，先自为检式仪表[1]，故令行于天下。

注释

1 检式仪表：榜样。

译文

法制，不是上天掉下来的，也不是地上生出来的，而是产生于人间，并且反过来用以修正人们的方法。故此自己有过错就不要非议他人同样的过错，自己没有善德行为就不必苛求他人有善德行为，因为没有十全十美的人。群众决议所立的法规，上层当政者不能随意废止；禁止人民的法律，君主不能以身犯法。所谓国家灭亡，不是指没有君主，而是指没有人依从法制。想变更法制的人，并非没有法制，而是不使用现有的法制，这样等同于没有法制。因此君主立法，首先要自己检察自己，做到守法执法的榜样，这样才能使法令推行于国家。

赏析与点评

立法的原意，虽然是为社会大众而订立的，但上层的当政者必须以身守法，这样才能令行天下。

食者[1]，民之本也；民者，国之本也；国者，君之本也。是故人君者，上因天时，下尽地财，中用人力，是以群生遂长，五谷蕃殖[2]。教民养育六畜，以时种树，务修田畴滋植桑麻[3]，肥墝高下[4]，各因其宜。丘陵阪险不生五谷者，以树竹木。

注释

1 食：粮食，人民温饱的基本生存要求。

2 蕃：通“繁”，茂盛。

3 田畴：田地。

4 肥：肥沃的泥土。墝（qiāo）：同“硗”，贫瘠的土壤。

译文

粮食，是人民的根本；人民，是国家的根本；国家，是君主的根本。故此君主要上应天时，下尽地利，中间善用人力资源，各种生物便能顺利成长，五谷茂盛，欣欣向荣。君主应教导人民饲养六畜，按天时种树，致力于修整田地，滋养和培植桑麻，依照土地的肥沃贫瘠和高低环境，各自因应情况种植合宜的草木。丘陵险阻而且不生五谷的地方，可以种树木竹林。

赏析与点评

国君的智慧，在于运用地利的环境条件，为老百姓创造丰衣足食的快乐家园。

凡人之论，心欲小而志欲大，智欲员而行欲方[1]，能欲多而事欲鲜。所以心欲小者，虑患未生，备祸未发，戒过慎微，不敢纵其欲也。

注释

1 智欲员：智谋要达到圆通，圆融而细致。行欲方：行为要方正，执行工作时要守法规。

译文

一般人的理论想法，心中的思虑要细致，志气要庞大，智谋要灵活圆通，而行为要方正，才能要广泛，做事要少。所谓心思细密，是指会在祸患未出现时有所思虑，在灾祸发生前有所预备，并且告诫自己切勿有过错，谨慎于微小的工作，不敢放纵自己的欲望。

故心小者禁于微也，志大者无不怀也[1]，智员者无不知也，行方者有不为也，能多者无不治也，事鲜者约所持也。

注释

1 怀：包容。

译文

故此心思细密的人可以在微小的地方早加禁止，志气远大的人，胸襟无所不容，智慧圆融的人什么事物都知道，处事有规矩的人不会做越轨的事，才能众多的人没有治理不好的事，办事简单的人能掌握事物的精要之处。

赏析与点评

志向远大的人虽然不一定能够达到理想的目标，但在过程之中，他有开阔的胸襟气度，做事待人非常宽大。因此当老师或家长的，要从小培养孩子立下大志，开阔他们的眼界和愿景。

夫圣人之于善也，无小而不举；其于过也，无微而不改。

译文

圣人对于善德的行为，无论多微小都会亲身实行；对于过错，无论多微小都会彻底改正。

赏析与点评

如要辨别一个人是否有圣贤的德行质素，可观察那人各方面的微小之处，例如他对善恶是否执着，是否不会做一些微小的恶行。

国之所以存者，仁义是也；人之所以生者，行善是也。国无义，虽大必亡；人无善志，虽勇必伤。治国上使不得与焉。孝于父母，弟于兄嫂[1]，信于朋友，不得上令而可得为也。释己之所得为，而责于其所不得制[2]，悖矣！士处卑隐，欲上达，必先反诸己。

注释

1 弟：即“悌”，顺从尊敬兄长和比自己年纪大的同辈。

2 责：要求。

译文

国家存在的原因，在于有仁义；人能够生存的原因，在于人有善德。国家没有公义，即使国土再大也必会灭亡；人们没有善心，即使再勇猛都必会受伤。管治国家不用以上的策略，很容易走向灭亡。孝敬父母，顺从尊敬兄嫂，对朋友有诚信，即使得不到君主的命令也能做到这些行为。自己放弃能够做的善良行为，反而要求自己去做一些不能控制的外间事情上，这实在违反了常理。读书人地位卑微时，想向上求官，必须首先从自身的修养做起。

赏析与点评

此段指出当人没有善心，即使勇猛也必会受伤。“人之所以生者，行善是也”，人应修心养性，经常反思恶行，加以调整，释放舒缓那些扭曲恶毒的心态。

卷十　缪称

本卷导读

“缪”指不同、差异，“称”是恰当应用的意思。本卷就是用不同的观点角度来探究大道的衍生用途。当中引述了儒家和其他学说，兼收并蓄，虽然有差异（缪），但可以称说（称）。《缪称》与上一篇《主术》谈论君主治理天下的策略成为内外配搭，此卷重点讲解君主自我修养的方法，修养的最高境界是顺从清静无为的人道，不过也不能忽略身边的小事，要有毅力恒心“积小善成大德”，并且应用儒家的慎独、礼乐、仁义等。

道至高无上，至深无下，平乎准，直乎绳，圆乎规，方乎矩，包裹宇宙而无表里，洞同覆载而无所碍1。是故体道者，不哀不乐，不喜不怒，其坐无虑，其寝无梦，物来而名，事来而应。主者，国之心。心治则百节皆安，心扰则百节皆乱。故其心治者，支体相遗也；其国治者，君臣相忘也。

注释

1 洞同：无形迹的混沌。

译文

大道是至高无上，而且是最深无尽头的，它与水平线一致，好像墨绳那么直，好像圆规那样圆，好像矩形的正方，它包裹着整个宇宙的内外，混沌无形地覆盖运载着万物而不受到任何障碍。故此能体会大道的人，没有哀伤也没有快乐，没有喜和怒，闲坐的时候不会忧虑，睡觉时不会做梦，万物到来便给它命名，事情到来便轻松应付。君主，是国家的心脏。心脏治理好，其余所有关节都会安宁，心脏受扰，所有关节都会混乱。因此心脏治理好，其他肢体就会互相遗忘，不用互相照顾；国家治理完善，君主和臣子各尽其职，也互相忘记而没有牵挂。

赏析与点评

“其寝无梦”是因为思维安静平稳，人体的能量没有被阻扰，自会安睡。人的心境情绪平静，便能“不哀不乐，不喜不怒”，这就是逍遥轻松的境界。

道者，物之所导也；德者，性之所扶也；仁者，积恩之见证也；义者，比于人心而合于众适者也[1]。故道灭而德用，德衰而仁义生。

注释

1 比：挨着，贴近。众适：适合大众，适宜众人。

译文

大道，是事物的主导，同时引导事物的发展；德行，是天性所扶持的行为；仁爱，是积聚恩德的证明；公义，是贴近人的心思，适合大众的标准和行动。故此大道隐灭了，就宣扬德行，德行衰微了，就产生仁义。

故上世体道而不德，中世守德而弗坏也[1]，末世绳绳乎唯恐失仁义[2]。君子非仁义无以生，失仁义，则失其所以生；小人非嗜欲无以活，失嗜欲，则失其所以活。故君子惧失仁义，小人惧失利。观其所惧，知各殊矣。

注释

1 坏：应是"怀"字的误写。

2 绳绳乎：谨慎、战战兢兢的样子。

译文

上古世代的人举手投足都与大道相合，不必倚靠德行；中古圣王坚守德行，而不用心怀仁义；近代的贤王战战兢兢，规行矩步，恐怕失去仁义。君子没有仁义就不能生存，失去仁义，就等同失去生命；小人没有欲望就不能生存，失去嗜欲就等同失去生活的条件。故此君子恐惧失去仁义，小人恐惧失去利益欲望。观察人的恐惧，便知道君子与小人的差别了。

是故圣人察其所以往，则知其所以来者。圣人之道，犹中衢而致尊邪[1]？过者斟酌，多少不同，各得其所宜。是故得一人，所以得百人也。人以其所愿于上以交其下，谁弗戴？以其所欲于下以事其上，谁弗喜？《诗》云[2]：『媚兹一人[3]，应侯慎德[4]。』慎德大矣，一人小矣。能善小，其能善大矣。

注释

1 衢（qú）：四通八达的大路。致：设置。尊：盛酒的器皿，或写作“樽”，这里借指酒。

2《诗》：“媚兹一人，应侯慎德。”出自《诗经·大雅·下武》。

3 媚：爱。

4 应侯：周武王的儿子。

译文

故此圣人知道怎样与人交往，也知道别人会怎样回报自己。圣人的道德行为，好像在通衢大路中间置酒款待过路的人吧？过路的人舀酒喝，人人不同，各自喝适合自己的分量。因此得到一个人才的真心辅佐，便可以吸引很多人来帮助了。人们如果以他希望用上司对自己的态度来礼贤下士，有哪个下属会不爱戴他呢？如果用他希望下属对自己的态度来对待上司，有哪个上司会不喜欢他呢？《诗经·大雅·下武》说：“应侯从爱护每一个人做起，于是成就了崇高的美德。”遵循美德是重大的事情，爱护一个人的德行只是很小的事。但是如果能够做好小事，慢慢积累，就能成为崇高的美德。

赏析与点评

时间是指过去、现在、未来，道家很早就明白因果关系，认为事情的成败都要时间积累，大善是由小善汇聚而成的，因此急于求成是不正确的。

诚出于己，则所动者远矣。锦绣登庙，贵文也；圭璋在前[1]，尚质也。文不胜质，之谓君子。故终年为车，无三寸之辖，不可以驱驰；匠人斲户[2]，无一尺之楗[3]，不可以闭藏。故君子行斯乎其所结。

心之精者，可以神化，而不可以导人；目之精者，可以消泽[4]，而不可以昭諰[5]。在混冥之中[6]，不可谕于人。故舜不降席而天下治，桀不下陛而天下乱，盖情甚乎叫呼也。无诸己，求诸人，古今未之闻也。

注释

1 圭璋：祭礼用的高级玉器。圭，上面圆形，下面方形。璋，半个圭。

2 斲：同“斫”，砍，制造。

3 楗（jiàn）：门闩。

4 消泽：用感知能力解释事物。泽，通“释”。

5 昭諰（jì）：告诫，劝告。

6 混冥：心和眼睛。

译文

如果真诚是出于自己的内心，那么感化的作用就深远了。把锦绣衣料献上庙堂，是着重它的织艺华丽；圭璋玉器供奉在祭品前面，是崇尚其质朴纯情。华丽的外表不能胜过质朴高雅的内涵，才称得上君子。故此花一年时间制造车辆，没有一根三寸长的车辖，车辆是不能奔驰的；木匠造门板，没有一尺长的门闩，是不能牢固地关闭的。因此君子行事做人，必会考虑事情的结果。

内心精诚的气量，可以神妙地感化别人，但不可以教导他人；精明透彻的眼睛，可以感知事物，但不能用以告诫他人。心和眼的无形功能，奇妙而不易理解，不能用言语告诉别人。因此舜帝没有离开他的座位，天下已经治理好了；桀纣没有走下宫殿的台阶，就令天下大乱了，这是因为真情的影响大过大声呼叫。自己没有办事能力和德行，却要求他人做到，由古至今都没有听闻过。

同言而民信，信在言前也。同令而民化，诚在令外也。圣人在上，民迁而化，情以先之也。动于上，不应于下者，情与令殊也。

译文

民众赞同你的话并且说话诚实，是因为你在说教前一直言而有信；民众服从你的政令并被教化好，是因为你施行政令有真诚的行为。圣人在上位，人民的习俗风气变迁，得到感化，是因为他们先以真情感动人民。在上位者实施政令，却得不到下层民众的响应，是因为真情和政令有差异。

赏析与点评

信心和感情一样，都是难以触摸的事，并且必须长期培养。圣人具有感染力，能够潜移默化地令众人对他有信心和感情，还能引导民众幸福快乐。

君子之惨怛[1]，非正为伪形也，谕乎人心。非从外入，自中出者也[2]。义正乎君，仁亲乎父。故君之于臣也，能死生之，不能使为苟简易；父之于子也，能发起之，不能使无忧寻。故义胜君，仁胜父，则君尊而臣忠，父慈而子孝。

注释

1 惨怛（dá）：忧伤和哀痛。

2 中：内心。

译文

有贤德的君子悲伤哀痛，并非伪装表现出来，他只是像内心在说话。真感情不是从外而入，而是从内心流露的。义的位置比国君重要，仁比父亲更可亲近。故此国君对臣下，能令他们出生入死，但不能使重义的臣子苟合君心而改变礼节；父亲对于儿子，能够使唤他们，但不能使重孝的儿子不为孝而忧心。所以义胜过国君，仁胜过父亲，国君受到尊重，而大臣尽忠，父亲慈爱而子女尽孝。

圣人为善，非以求名而名从之。名不与利期而利归之[1]。故人之忧喜，非为蹗[2]，蹗焉往生也。故至人不容。故若眯而抚，若跌而据。圣人之为治，漠然不见贤焉，终而后知其可大也。若日之行，骐骥不能与之争远[3]。

注释

1 期：期望，要求。

2 蹗（lù）：希望，希冀。

3 骐骥（qí jì）：千里马。

译文

圣人做善事，并非为了求得名誉，可是名望就会跟从他。求名誉不是为了得到利益，可是利益却会归附他。故此人们的忧虑和快乐，没有特别希冀感染别人，可是感染作用却自然产生。因此有至德的人不会修饰，他就好像有细物入眼便自然用手擦揉，又像人跌倒了用手支撑一样。圣人治理天下的方式，宁静无声，好像看到有何优胜之处，但最终才会知道他的伟大有如太阳的运行，千里马也不能跟它竞赛谁跑得更远。

赏析与点评

虽然做善事不求名利，但有时却可能有意想不到的收获。

功名遂成，天也[1]；循理受顺，人也。太公望、周公旦，天非为武王造之也；崇侯、恶来[2]，天非为纣生之也；有其世，有其人也。教本乎君子，小人被其泽；利本乎小人，君子享其功。昔东户季子之世[3]，道路不拾遗，耒耜余粮宿诸畮首[4]，使君子小人各得其宜也。故一人有庆，兆民赖之。

注释

1 天：上天的安排，天命，自然的命运安排。

2 崇侯：助纣为虐的诸侯，怂恿纣王囚禁周文王。恶来：纣王的臣子，经常进谗言和狡猾的奸计。

3 东户季子：上古的明君。

4 耒耜（lěi sì）：耕作的农具。宿：放置在外面的地方过夜。畮（mǔ）首：农地前方的空间，或用作放置杂物。畮，同“亩”。

译文

功业和名誉能够成功得到，是上天的安排；遵循事理，是靠人为。太公望、周公旦，不是上天专门为周武王而设的；崇侯、恶来，不是上天为纣王而生出的；有这样的世界，就有这样的人物。君子的工作是要教化百姓，小人接受他们的惠泽；小人的本分是生产利益财富，以供君子享用。从前东户季子在世时，人们在路上不会拾取他人遗失的物品，在街头和农田放置农具和余粮也没有人取走，这是因为东户季子令君子和小人各守自己的天职本分。故此当一位君主有善德，千万民众都会仰赖他而得到幸福。

赏析与点评

此段指出人只要做最好的准备，储备自己的德才，内修大道，当因缘时机来到时，以德行济世，加上天助，便可以“功名遂成”；假如自己没有德才，始终不能有成就。

君子者乐有余而名不足，小人乐不足而名有余。观于有余不足之相去，昭然远矣。含而弗吐，在情而不萌者，未之闻也。君子思义而不虑利，小人贪利而不顾义。

译文

君子快乐有余而名声不足够，小人快乐不足而名声却有余。观察有余和不足够的差距，很明显地看到两种人的距离十分遥远。把情感隐藏得很周密而不向外吐露，情绪被压抑而不疏通，从未听闻可以做到这样。君子思索着正义而不思虑自己的利益，小人贪图个人利益而不顾及大众正义的道德。

赏析与点评

有关义与利，儒家认为应该“舍利取义”，而墨家则主张“义利相兼”，两家各有不同意见，在不同情况，或许有不同的应用。

凡人情，说其所苦即乐[1]，失其所乐则哀。故知生之乐，必知死之哀。有义者不可欺以利，有勇者不可劫以惧[2]，如饥渴者不可欺以虚器也。人多欲亏义，多忧害智，多惧害勇。

注释

1 说：同“悦”。另一说法，通“脱”，解除。

2 劫：劫持，要挟。

译文

人之常情，是摆脱了痛苦就会快乐，失去令人快乐的事物便会哀伤。故此人知道生命的快乐，必然知道死亡的哀痛。正义的人不可用利益来引诱他，勇敢的人不可用恐惧来要挟他。好像对于饥渴的人，不可以用空的器皿来欺骗他。人们的欲望过多便会令义有所亏损，过多的忧愁便会损害智慧，过多的恐惧便会损害勇气。

水下流而广大，君下臣而聪明。君不与臣争功，而治道通矣。管夷吾、百里奚经而成之[1]，齐桓、秦穆受而听之。照惑者以东为西[2]，惑也；见日而寤矣。

注释

1 管夷吾：即管仲，辅弼齐桓公，成为春秋五霸的第一位君主。百里奚：辅助秦穆公成为五霸之一。

2 照：解决问题，或用言语讲出解决的办法。

译文

水向下流，流域会越来越广大；君主听取臣下的意见便会变得聪明。君主不与臣子争功劳，治国的道路便会畅通。齐国管夷吾、秦国百里奚的经略成功，使国家强盛，是因为齐桓公和秦穆公都接受下属的谋略。有些臣子解决疑难问题，把东边指为西边，这就迷惑了他人，当看见太阳就会清醒了。

赏析与点评

领导者如能听取下属的意见，便拥有广阔的胸襟。

人无能作也，有能为也；有能为也，而无能成也。人之为[1]，天成之。终身为善，非天不行；终身为不善，非天不亡。故善否[2]，我也；祸福，非我也。故君子顺其在己者而已矣。性者，所受于天也；命者，所遭于时也。

注释

1 人之为：人可以努力做事。

2 否：即不善，恶。

译文

人没有能力做翻天覆地的改变，只有办事的能力；有能力有所作为，但没有一定成功的能力。人可以努力做事，天有成就的能力。即使终身都行善，但如果没有天时条件也不能成事；终身不行善，即使没有天时条件也不会灭亡。故此是善是恶，取决于人们自身；是祸是福，并非由人决定。因此君子顺着自己的人生去行善而已。人性，是由天赐予的；命运，是时空交织而成的遭遇。

有其材[1]，不遇其世[2]，天也。太公何力，比干何罪，循性而行指，或害或利。求之有道，得之在命。故君子能为善，而不能必其得福；不忍为非，而未能必免其祸。

注释

1 材：才能。

2 其：相应合适，切合。

译文

有才能的人，遇不到与之相应的世道，是上天的安排。姜太公有何力量？比干有何罪过？都是循着天性而实行自己的志向，或对社会有害，或对社会有利。寻求宇宙的智慧大道，能否得到乃取决于命运。故此君子可以做善事，而不一定能得到福报；而不为非作歹，也不能够免除他的灾祸。

赏析与点评

对于修养自身，君子不能因为不被赏识而放弃，也不能因祸福的多少而停顿，必须坚持到底，这才是真君子。

君子诚仁[1]，施亦仁，不施亦仁。小人诚不仁，施亦不仁，不施亦不仁。善之由我，与其由人若，仁德之盛者也，故情胜欲者昌[2]，欲胜情者亡。欲知天道，察其数；欲行地道，物其树；欲知人道，从其欲。

注释

1 诚：精诚专一。

2 情：君子的大情，高尚的情操。

译文

君子精诚地实践仁爱，所以他施恩予人是仁爱的，不施恩予人也是仁爱的；小人确实不是仁爱的，所以他施恩予人时不是仁爱的，不施恩时更不是仁爱的。君子的善德在自己身上，如同在他人身上一样，他的仁德感染了人，这是仁德之昌盛，故此高尚的情操胜过私欲的人会昌盛，私欲胜过高尚情操的人会灭亡。想知道上天的道理，观察天象活动的规律程序；想运用土地的性能，就察看物类和树木的生长情况；想了解人间的活动规则，就从人们的欲望要求去探求。

是故知己者不怨人，知命者不怨天。福由己发，祸由己生。

译文

故此知道自己的缺点的人不会埋怨他人，知道命运的人不会埋怨上天。幸福由自己创造，灾祸由自己产生。

圣人不求誉，不辟诽[1]，正身直行，众邪自息。今释正而追曲，倍是而从众，是与俗俪走[2]，而内无绳，故圣人反己而弗由也。道之有篇章形埒者，非至者也。尝之而无味，视之而无形，不可传于人。

注释

1 辟：逃避。

2 俪（lì）：并排在一起。

译文

圣人不追求名誉，不逃避诽谤，为人行事正直，所有邪恶都自然平息。今天如果放弃正路而追寻曲斜的道路，背弃正确的事而顺从众人，是与俗世并排而走，而内心没有修身的标准，故此圣人反求于己而不跟从众人。大道如果有花样形迹，就并非最纯真的大道。大道品尝起来清淡没有味道，也看不见形状，不可以言传给他人。

原心反性则贵矣[1]，适情知足则富矣；明死生之分则寿矣。言无常是，行无常宜者，小人也。察于一事，通于一伎者[2]，中人也。兼覆盖而并有之，度伎能而裁使之者[3]，圣人也。

注释

1 原：回到。

2 伎：通“技”，技艺才能。

3 裁使：经过恰当的裁剪，才加以使用。

译文

使内心返回自己的天性本源，是可贵的；有适当的情欲而且知足，是富有的；明白死亡和生命的分别，是永垂不朽了。话不会时常正确，行为不会时常合宜，这就是小人；能明察一件事，通晓一种技艺，是中等的人才；兼容覆盖而同时拥有，具备估量人的才能，并且能够裁决和掌握重点使用，就是圣人。

卷十一　齐俗

本卷导读

习俗因地方不同而有差异，“齐俗”就是齐同风俗的意思。本卷认为面对不同时代、地方、民族的各种风俗，君主都要尊重，不能用某一种礼法来束缚人民。此外，卷中认为应“以道论者，总而齐之”，要用大道一体作为主轴，建设和谐社会，用感化的方法移风易俗，改善社会，以“体道返性”的纯朴风俗为目标，当政者以柔和的方式感化人民，与群众一起生活，优化民俗的传统，使民众在不知不觉当中改变坏习惯，令国家社会文明进步，这就是齐俗的向导。

率性而行谓之道[1]，得其天性谓之德。性失然后贵仁，道失然后贵义。是故仁义立而道德迁矣，礼乐饰则纯朴散矣，是非形则百姓眩矣[2]，珠玉尊则天下争矣[3]。凡此四者，衰世之造也，末世之用也。

注释

1 率性：遵循天然的本性，率直而没有歪曲天性。

2 眩：眼睛视线混乱，迷惑。

3 珠玉：喻指金银财物。

译文

顺着天性而行称为道，得到纯真的天性称为德。天性失去后就看重仁爱，大道失去后就看重公义。故此仁义确立了，道德就会改变，礼乐受到粉饰了，纯朴就会散失，是非定立形式规条后，老百姓就迷惑了，珠宝玉器被人尊崇，天下就会互相争夺了。这四种情况，是道德衰败的世情所造成的，是道德式微的社会出现的情况。

赏析与点评

《中庸》说："天命之谓性，率性之谓道，修道之谓教"，本篇沿用这种传统思想，解释人性和人类自然的恰当行为为"道"，当人能够达到天人合一的境界，其彰显天性的行为便是"德"。此段反复讲述仁义，指出"是非形则百姓眩矣"，当道德礼教变成形式规条，就会令社会混乱。

夫礼者，所以别尊卑，异贵贱；义者，所以合君臣、父子、兄弟、夫妻、朋友之际也[1]。今世之为礼者，恭敬而忮[2]；为义者，布施而德；君臣以相非，骨肉以生怨，则失礼义之本也，故构而多责[3]。

注释

1 际：彼此之间的关系。

2 忮（zhì）：嫉妒，内心与外表违逆。

3 构（gòu）：结怨。

译文

礼，是用来分别尊卑上下，辨别贵贱差异的；义，是用来配合上司下属、父子、兄弟、夫妻、朋友之间的人际关系的。现今行礼仪的人们，外表恭敬，内心却嫉妒他们行礼的人；推动公义的人，希望施恩德后被人认同有道德。君主和臣子因为讲礼义而互相非议，骨肉之间产生怨恨，这就失去了礼和义的根本意义，故此使人们结怨且互相指责。

赏析与点评

礼在人际关系中有“别尊卑”的作用，可是每一个人在不同团体里都有不同的角色地位，不能用礼的标准死板地压迫弱小。

故乱国若盛，治国若虚[1]，亡国若不足，存国若有余。虚者非无人也，皆守其职也；盛者非多人也，皆徼于末也[2]；有余者非多财也，欲节事寡也；不足者非无货也，民躁而费多也。故先王之法籍，非所作也，其所因也。其禁诛，非所为也，其所守也。

凡以物治物者不以物，以睦[3]；治睦者不以睦，以人；治人者不以人，以君；治君者不以君，以欲；治欲者不以欲，以性；治性者不于性，以德；治德者不以德，以道。

注释

1 治国：治理得井然有序、安宁和谐的国家。

2 徼（yāo）：贪求自己本分以外的物欲和享乐。

3 睦：和睦，人与人之间的良好关系。利益和财物分配不均衡，就是人们争吵的开端，所以和睦是社会国家和谐的基础。另一说为“陆”，指土地。

译文

故此混乱的国家好像繁荣兴盛，太平的国家好像空空荡荡，快要灭亡的国家好像物质不充足，长存稳定的国家好像有很多盈余。国家空空荡荡，并非人口稀少，而是大家都各守职责；繁荣兴盛，并非人口众多，而是人们都离开了岗位，到处寻找吃喝玩乐和利益；有盈余，并非人们拥有很多财物，而是欲望有节制，削减了浪费的事物；不充足，并非没有财物，而是人民烦躁而且欲望多，浪费消费庞大。因而可知，以往帝王的法典律令，并非主观制造出来的，而是因应事物的规律而制定。他们的禁令刑法，并非随意编造，而是严谨遵守客观实际情况而定立的。

凡是用更多的物质来解决无限的物欲需求是不可行

的，应使社会氛围和睦；要营造社会的和睦气氛，不是要在外粉饰和谐，而要抒发人类和气的真感情；要治理好人民，不在于人民，而要用君主的仁政管理好国家；要培养优秀的君主，不在于君主表面的言行，而要约束和克制君主的欲念；要约束欲念，不能消极地压制欲念，而要修养性情；要修养好性情，不是单靠内在调节性情，而要用正义的德行；要有良好的德行，不是用人为法律的德行标准，而要以宇宙大道的规律为原则。

赏析与点评

君主要治理好国家，必须在较高的层次上鸟瞰问题，用高一等的管理方式治理国家，从而做到挥洒自如。这段所说的“以物治物”，不能满足人民物质温饱的需求，主政者如想人民得到温饱，安居乐业，应该是要融入大道的和顺之中。下表总结了此段有关“治物、治睦、治人、治君、治欲、治性、治德”的方法：

要治理的事物	治理方法	解释
治物	以睦	物质不能满足人的欲望，只会令人比较自己和他人有多少财物，是贫是富，导致互相争夺财富。 要治物，应和睦相处，融入感情，因感情可超越物质。
治睦	以人	要治睦，应以人的真情实感及伦理关系来达到和睦融洽。
治人	以君	要治人，应以君主或上司的管治体制客观地管理人事和工作。
治君	以欲	要治君，应克制上司或君主的欲望，以平衡他们的权威。
治欲	以性	要治欲，应调节心性的妄动，修炼身心以降低情绪的激动突变。
治性	以德	要治性，应改善身心的行为，行事恰当，内心善良，以德化众，内化道德良知。
治德	以道	要治德，应融入和顺的自然大道，中庸而适当地应对事物，无为而为。

夫纵欲而失性，动未尝正也，以治身则危，以治国则乱，以入军则破。是故不闻道者，无以反性。故古之圣王，能得诸己[1]，故令行禁止[2]，名传后世，德施四海。

注释

1 得诸己：即真人返求于己，寻得自己的天性。

2 令行：颁布政令，加以推行。因为老百姓没有寻得天性，故此跟随圣王的政令而行。

译文

纵容嗜欲会令人丧失天性，行为会变得不正确，凭着贪欲来修养身心的人会因此而产生危险，凭着贪欲来管治国家的人会令国家混乱，凭着贪欲来领导军队的人会被败亡。故此没有听闻大道智慧的人，没有方法返回人的天性。故此古代的圣王，因为能够寻得自己的天性，所以能用政令禁止过分的欲望，英名流传后世，恩德施惠全国。

赏析与点评

懂得大道的人，虽然清心寡欲，但并非全无欲望，他们只是欲望少而且正确。例如他们希望济世救人，这都是正确的欲望，但他们不会放纵，否则会变成狂妄，以济世来满足自己。

明乎生死之分，通乎侈俭之适者也。乱国则不然，言与行相悖[1]，情与貌相反，礼饰以烦[2]，乐优以淫，崇死以害生，久丧以招行，是以风俗浊于世，而诽誉萌于朝，是故圣人废而不用也。

注释

1 言与行：君主的言语和行为，或者可以理解为国家的法律条文和执行司法的实际情况。

2 饰：修饰，花样多。

译文

他们明白生与死的分别，通晓奢侈和俭约的合适程度。混乱的国家就不是这样了，他们的言语和行为互相矛盾，内心的感情和外在行为是相反的；礼节修饰细腻烦琐，音乐混乱失去节度，崇尚厚葬害苦在生的人，要求人们长期守丧，束缚人们的手脚。因此风俗习惯污浊泛滥于世上，而诽谤毁誉满布朝廷，所以圣明君王废除他们那套不采用。

义者，循理而行宜也；礼者，体情制文者也。义者宜也，礼者体也。

译文

义，是循着道理而做出合宜的行为；礼，是体会真实情感而制定的规条。义是恰当适宜的行为，礼是得体的规范。

故明主制礼义而为衣，分节行而为带。衣足以覆形，从《典》、《坟》[1]，虚循挠[2]，便身体，适行步，不务于奇丽之容，隅眦之削[3]。带足以结纽收衽[4]，束牢连固，不亟于为文句疏短之鞵[5]。故制礼义，行至德，而不拘于儒、墨。

注释

1 《典》、《坟》：《典》是《尚书·舜典》，《坟》是古代重要经典，相传有《三坟》和《五典》。此处指书中的准则、道理。

2 虚循挠：指古代衣服宽松舒适。

3 隅眦（yú zì）之削：指着意裁剪转换花样。隅眦，斜角的衣领。削，缝制。

4 衽（rèn）：衣襟。

5 亟（jí）：急切，迫切性。文句（gōu）：圆形花纹，或一般花纹图案。鞵（xié）：或作“鞼”，原指鞋，这里指有刺绣的皮革。

译文

故此英明的君主制定礼仪，以衣冠显示阶级，分别各种礼节，而配合不同的衣带。衣服能够覆盖身体就好，只要跟从古代《三坟》、《五典》的常规道理，宽松舒适，方便身体活动，适宜走路，不追求奇怪艳丽和花巧裁剪缝制的款式；衣带足够扎紧及配合结纽，收紧衣襟，装束整齐而联系牢固，不讲究图案花纹的标致刺绣。因此制定礼仪，是引导人们修养道德，而不必拘泥于儒家或墨家的规条。

赏析与点评

“明主制礼义而为衣，分节行而为带”是中华文化的重大特式，以衣带表现有秩序的礼仪，就好像现在的制服，这种文明的行为脱离了穿树叶、挂兽皮的文化。

所谓明者，非谓其见彼也，自见而已[1]。所谓聪者，非谓闻彼也，自闻而已[2]。所谓达者[3]，非谓知彼也，自知而已。是故身者，道之所托，身得则道得矣。道之得也，以视则明，以听则聪，以言则公，以行则从。

注释

1 自见：自己在内心见证一些概念或真理，不能轻易地用言语表达。

2 自闻：自己听到话语后，能够真正了解当中的意义。

3 达者：达到最高层次的智能，即圣人。

译文

所谓眼明，不是看见一个物体，而是自己见证一个概念；所谓耳灵，不是听到一段话语，而是自己了解当中的意义；所谓达智，不是说能了解别人，而是有自知之明而已。故此个人的身躯，是大道的寄托之处，身心有善德，即是得道了。得道了，观察任何事物都会明晰，听任何话都会聪灵，说话则会公允恰当，行动则会顺遂。

故求是者，非求道理也，求合于己者也；去非者，非批邪施也，去忤于心者也。忤于我，未必不合于人也；合于我，未必不非于俗也。

译文

故此追求是非正确的人，并非寻求当中的真正道理，只是追求合乎自己想法的答案；排斥不正确见解的人，并非批评歪邪的意见，只是排斥违背自己心中想法的意见。违背自己见解的事理，未必不适用于其他人；适合自己见解的事理，未必不被大众所排斥。

赏析与点评

文中说“非求道理也，求合于己者也”，其实许多政治人物都只接受对自己有利的事，这对青年人的是非善恶观念有很大的负面影响。

今世俗之人，以功成为贤，以胜患为智，以遭难为愚，以死节为戆。

译文

现今世俗的人，以为功业有成就便具备贤能，以为克服祸患就是有智慧，以为遭遇灾难的人是愚蠢的，以为为节操而死的人都是戆直拙劣的。

赏析与点评

真正不在乎生死、宠辱的人，能够坚持道德理想而行，不哗众取宠，不惧怕别人的讥笑。

治国之道，上无苛令，官无烦治，士无伪行，工无淫巧，其事经而不扰，其器完而不饰。乱世则不然。为行者相揭以高，为礼者相矜以伪，车舆极于雕琢，器用逐于刻镂，求货者争难得以为宝，诋文者处烦挠以为慧[1]，争为佹辩[2]，久稽而不决，无益于治。

注释

1 诋文：用文章诋毁他人或事情。一作诋毁礼乐制度。

2 佹（guǐ）：诡诈。

译文

（太平国家）管治国家的方法，在于政府没有施行严苛的法令，官员没有烦扰的政务，读书人没有虚伪的行为，工匠没有造假及巧诈，所有事务都按常规而不受干扰，所有器物都完好而没有雕饰。乱世就不同了。修养品德的人互相吹捧以提高地位，行礼仪的人虚伪地互相夸奖对方，车辆的雕刻极尽精致奢华，器物不用于正途，却追求比拼雕刻的华丽，买卖货品的人争购难得稀有的物品，视之为宝贝，用文章诋毁他人的人制造烦扰，还自以为有智慧，胡乱诡辩，为争权夺利，诉讼案件长久积压下来而没有解决，这些都对治理国家没有益处。

赏析与点评

治国及管理的原则是不可烦琐和虚伪的，当社会出现财富分配不均时，有些人便会争相展示豪华的气派，或互相抹黑，这就是乱世了。

衰世之俗，以其知巧诈伪，饰众无用，贵远方之货，珍难得之财，不积于养生之具。

译文

衰败世道的风气，是以机智诈伪为工具，雕饰无用的器物，崇尚远方进口的高价货品，珍爱难得的财宝，却不去积蓄养生的物品。

赏析与点评

当富者越富的时候，便越容易令人浪费金钱，他们“贵远方之货，珍难得之财”，购买一些所谓珍贵而无用的物品，可是穷人却连糊口的财物也没有，在这时候，国家便进入衰亡的阶段。

故身安则恩及邻国，志为之灭；身危则忘其亲戚，而人不能解也。游者不能拯溺，手足有所急也；灼者不能救火，身体有所痛也。夫民有余即让[1]，不足则争。让则礼义生，争则暴乱起。

注释

1 余：剩余，有余粮可以养身，有宽松裕厚的心境。

译文

故此人民身心安宁，恩德便会施予到邻国，并会尽心去帮助别人；当性命有危险时就会连亲戚都顾不上，其他人也不会去解救。略懂游泳的人不能拯救溺水的人，因为手脚都急于划水；被灼伤的人不能救火，因为身体已十分痛楚。如果人民衣食宽裕，便会对人谦让；如粮食都不足够，便会互相争夺。谦让令礼义产生，争夺会掀起暴乱。

赏析与点评

藏富于民很重要，因为“民有余即让，不足则争。让则礼义生，争则暴乱起”，基本的温饱可令大部分人满足，这个时候，为政者应教化百姓礼义仁德，教导他们不要过分贪婪，以免受到法律的处罚。

故物丰则欲省，求澹则争止。

译文

故此物质丰富欲念便要淡薄，追求淡薄简单的生活便会停止争夺。

卷十二　道应

本卷导读

本卷是专门论道的篇章，与《原道》着重阐述理论的不同之处在于本卷运用了讲故事的方式阐释深奥的道理，这样比较形象化，而且用事实作为题材，令读者更容易明白。卷中所引用的五十二则故事采自《吕氏春秋》、《庄子》、《列子》、《韩非子》等不同著作，集合了历史和寓言故事，形成精品短文的特殊风格。此外，作者在每篇故事的结尾都会引出《老子》的话作为结语，共引用了《老子》语录五十五段。卷中引用了多本著作的故事，亦显出其容纳百家的特色。

太清问于无穷曰[1]：『子知道乎？』无穷曰：『吾弗知也。』又问于无为曰[2]：『子知道乎？』无为曰：『吾知道。』『子之知道，亦有数乎？』无为曰：『吾知道有数。』曰：『其数奈何？』无为曰：『吾知道之可以弱，可以强；可以柔，可以刚；可以阴，可以阳；可以窈[3]，可以明；可以包裹天地，可以应待无方。此吾所以知道之数也。』

注释

1 太清：太清与下文的无穷、无为都是拟人化的虚构人物。无穷：宇宙未有之前。

2 无为：宇宙已有形态，是一种自然活动形式，不能改变。

3 窈：幽暗不明。

译文

太清问无穷说："你知道什么是'道'吗？"无穷说："我不知道。"太清又问无为说："你知道什么是'道'吗？"无为说："我知道'道'。"太清回应说："你所知的'道'，有什么特点？"无为说："我知'道'有一定的特点。"太清说："'道'的特点是什么？"无为说："我所知道的'道'，可以弱小，可以强大；可以柔和，可以刚劲；可以阴，可以阳；可以幽暗，可以光明；可以包裹天地，可以对应无穷。这是我所了解的'道'的特点。"

惠子为惠王为国法[1]，已成而示诸先生，先生皆善之。奏之惠王。惠王甚说之。以示翟煎[2]，曰：『善！』惠王曰：『善，可行乎？』翟煎曰：『不可。』惠王曰：『善而不可行，何也？』翟煎对曰：『今夫举大木者，前呼邪许[3]，后亦应之。此举重劝力之歌也，岂无郑、卫激楚之音哉？然而不用者，不若此其宜也。治国有礼，不在文辩。』故《老子》曰：『法令滋彰，盗贼多有[4]。』此之谓也。

注释

1 惠子：惠施，战国时期宋国人，名家代表人物。惠王：魏国惠王。本节故事引自《吕氏春秋·淫辞》。

2 翟煎：魏臣。

3 邪许：号子声，即大伙儿一起劳动时所唱的歌。

4 “法令滋彰”两句：语见《老子》第五十七章。

译文

惠施为魏惠王定立国法，制定后便向德高望重的长者儒生征询意见，长者儒生们都称赞他。惠施于是将国法呈给惠王。惠王十分高兴，便给翟煎看。翟煎说：“好！”惠王说：“既然是好，可以颁布推行吗？”翟煎说：“不可以。”惠王说：“好却不可推行，为什么？”翟煎回应说：“现今抬大木头的人，在前面呼喊‘邪许’的声音，后面的人也和应起来，此是抬重物时助长气力的歌声。难道没有郑国和卫国那种激越的音乐吗？那些抬木头的人不用郑国和卫国的音乐，是因为那音乐不如这种号子声合宜。治理国家应该以礼法内容为主，不在乎法律条文的文辞有多亮丽详尽。”故此《老子》说：“法令越详明，盗贼反而越多。”说的便是这个道理。

赏析与点评

人人都有自律的能力，能够对人有礼，互相尊重，让国家安稳。可是如果所有事情都依靠法律条文来规限，便会出现人们在法庭上纠缠争辩，在文字上找错处，找灰色地带来辩护的情况，这样国家社会便无法长治久安。

田骈以道术说齐王[1]，王应之曰：『寡人所有，齐国也。道术难以除患，愿闻国之政。』田骈对曰：『臣之言无政，而可以为政。譬之若林木无材，而可以为材。愿王察其所谓，而自取齐国之政焉已。虽无除其患害，天地之间，六合之内，可陶冶而变化也。齐国之政，何足问哉！』此老聃之所谓『无状之状，无物之象』者也。若王之所问者，齐也；田骈所称者，材也。材不及林，林不及雨，雨不及阴阳，阴阳不及和，和不及道。

注释

1 田骈：即陈骈，战国时齐国人，能言善辩，曾夸耀天下都在他的口中。道术：利用一些道理或一些技巧来谋取利益。齐王：齐宣王。本节出自《吕氏春秋·执一》。

译文

田骈用道术游说齐王，齐王回应说："本王所有的，是齐国了。道术难以消除祸患，我希望听你说治理国家的方法。"田骈对他说："下臣讲的道术虽没涉及政事，但却可以用于政事上。譬如树林里没有成材的树木，但却可以培植优良的树木。希望大王细察我话中的含意，自己领悟治理齐国政事的道理。虽然我的话没有消除祸患和灾害的内容，但是在天地之间，上下六个方向之内，是可用道术陶冶化育的。齐国的政事，无须特别提问了！"这就是《老子》所讲的'没有形状的形状，没有物体的形象'了。像大王所提问的是齐国，田骈所讲的是培养良材的问题。良材比不上树林，树林比不上雨水那样滋润林木，雨水比不上阴阳二气般覆盖大地，阴阳比不上和气那样圆融微密，和气比不上大道的一体。

赏析与点评

智者观察木头的外表，便知道它是好材料；明白大道的智者，能够从宏观角度深入地体察事物，调和阴阳，轻松地解决事情。

对曰：『数战则民罢，数胜则主憍[1]。以憍主使罢民，而国不亡者，天下鲜矣。憍则恣[2]，恣则极物[3]；罢则怨，怨则极虑。上下俱极，吴之亡犹晚矣！夫差之所以自到于干遂也。』故《老子》曰：『功成名遂，身退，天之道也[4]。』

注释

1 憍（jiāo）：同"骄"。本节出自《吕氏春秋·适威》。

2 恣：放纵任性。

3 极：极致的极端情况。

4 "功成名遂"三句：语见《老子》第九章。

译文

（李克）回答说："多次战争会令百姓疲惫，多次胜利会令君主骄傲。让骄傲的君主役使疲惫的百姓，而国家不灭亡，天下间实在少见！君主骄傲就会放纵，放纵则会极度追求欲望；百姓疲惫就会埋怨，埋怨则会极度焦虑。上下都走到极端，吴国的覆亡已经算晚了！夫差因而在干遂自杀。"所以《老子》说："功业完成又得到名誉，然后收敛退让，合乎自然的规律。"

宁越欲干齐桓公[1]，困穷无以自达，于是为商旅，将任车[2]，以商于齐，暮宿于郭门之外[3]。桓公郊迎客，夜开门，辟任车，爝火甚盛[4]，从者甚众，宁越饭牛车下[5]，望见桓公而悲，击牛角而疾商歌。桓公闻之，抚其仆之手曰：『异哉！歌者非常人也！』命后车载之。桓公及至，从者以请。桓公赣之衣冠而见[6]，说以为天下。桓公大说，将任之。群臣争之曰[7]：『客，卫人也。卫之去齐不远，君不若使人问之。问之而故贤者也，用之未晚。』桓公曰：『不然。问之，患其有小恶也。以人之小恶而忘人之大美，此人主之所以失天下之士也。』凡听必有验，一听而弗复问，合其所以也。且人固难合也，权而用其长者而已矣。当是举也，桓公得之矣。故《老子》曰：『天大、地大、道大、王亦大。域中有四大，而王处其一焉[8]。』以言其能包裹之也。

注释

1 宁（níng）越：亦作宁戚，春秋时期卫国人。干：求官。本节出自《吕氏春秋·举难》。

2 将：送。任车：载货的车辆。

3 郭：城郭外墙。

4 爝（jué）火：火把。

5 饭：喂饲。

6 赣（gòng）：赏赐。

7 争：通“诤”，直言劝谏。

8 “天大”三句：语见《老子》第二十五章。

译文

宁越想向齐桓公求取一个职位，但是他穷困得无法找到旅费前往齐国，于是加入往齐国的商旅，驾车到齐国，傍晚在城外休息。刚巧桓公在郊外迎接宾客，士兵打开城门，让车队经过，火把甚为光亮，跟从的人很多。宁越在车下喂牛时，望见桓公便悲从中来，敲打牛角唱歌，桓公听了，抚着仆人的手说：“太奇异了，唱歌的人非比寻常！”便命令后方的车辆接载宁越。桓公后来回到宫廷，侍从请宁越晋见，桓公赏赐他衣裳冠帽并接见他，宁越于是讲述经营天下的策略以游说桓公。桓公非常高兴，准备任命他，群臣直言劝导说：“这位贵客，是卫国人。卫国距离齐国不远，君王不如先命人查问一下。问了之后，如证实宁越是贤良的人，再任用他也不太迟。”桓公说：“不是这样。查问的时候，怕他以往有小错失，因为一个人的小错失而忘掉了他的大好优点，这是君主失去天下贤明之士的原因。”凡是一个人听到声音一定会产生心理效应，桓公听了宁越的歌声和谈话，便不再问他的底细，这是因为宁越的话符合桓公的心意。而且人与人之间实在很难完全合意，权衡轻重后用他的长处就行了。桓公这次举动做得正确，他真的得到一名人才。故此《老子》说：“天大，地大，道大，帝王亦大。宇宙之内有四大，而帝王是其中之一。”这话是说君主的心量要能包容一切。

中山公子牟谓詹子曰[1]：『身处江海之上，心在魏阙之下[2]。为之奈何？』詹子曰：『重生。重生则轻利。』中山公子牟曰：『虽知之，犹不能自胜。』詹子曰：『不能自胜，则从之。从之，神无怨乎！不能自胜而强弗从者，此之谓重伤。重伤之人，无寿类矣！』故《老子》曰：『知和曰常，知常曰明，益生曰祥，心使气曰强[3]。』

注释

1 中山公子牟：战国时期魏国的公子，魏国攻占中山，他被封于此地，名为魏牟。中山在现今河北省一带。詹子：魏国人詹何，修道人士。本节出自《吕氏春秋·审为》和《庄子·让王》。

2 阙：宫门外两旁的守护楼，墙壁用作悬挂政府通告，称为阙。这里借指朝政。

3 "知和曰常"四句：语见《老子》第五十五章及五十二章。

译文

中山公子魏牟向术士詹何说："我身处江海隐居避世，而心却在魏国的朝廷，为什么呢？"詹何说："重视生命吧，重视生命就能轻视利益。"魏牟说："虽然我知道重生轻利的道理，但我仍旧不能自我克制欲念。"詹何说："不能克制欲念，便放纵它。放纵它后，精神便不会埋怨了！如果不能克制而勉强不跟从精神的意愿，这就称为双重伤害。受双重伤害的人，会归入不能长寿的类别啊！"故此《老子》说："认识调和的道理称为'常'，认识常道称为'明'，贪恋生命而纵欲便会有灾殃，心机驱使精气称为逞强。"

楚庄王问詹何曰[1]：『治国奈何？』对曰：『何明于治身，而不明于治国？』楚王曰：『寡人得立宗庙社稷，愿学所以守之。』詹何对曰：『臣未尝闻身治而国乱者也，未尝闻身乱而国治者也。故本任于身，不敢对以末。』楚王曰：『善。』故《老子》曰：『修之身，其德乃真也[2]。』

注释

1 楚庄王：一说指应为楚顷襄王。本节出自《吕氏春秋·执一》及《列子·说符》。

2 “修之身”两句：引用《老子》第五十四章。

译文

楚庄王问詹何说：“治国有什么方法呢？”詹何回应说：“为何明白治养身心的道理，而不明白治国的道理呢？”楚王说：“本人能够继立祖先的宗庙和国家的大业，愿意学习守国的道理。”詹何回答说：“我没有听闻过自身治养好而国家却混乱的，也没有听闻过身心混乱生病而国家却能够治理得很好的。因此治国之根本在于自己的身心，我不敢以枝末的事来回应君主。”楚王说：“好。”故此《老子》说：“修养自身，他的道德才是真实的。”

赏析与点评

萧昌明提到：“上智之人，以行为道，以身为丹；中智之人，以身为道，以性为丹；下智之人，以性为道，以命为丹”，上智之人修养自身成丹，与这段所述的“修之身，其德乃真”是一致的。

故曰圣人之处世[1]，不逆有伎能之士。故《老子》曰：『人无弃人，物无弃物，是谓袭明[2]。』

注释

1 曰：疑为衍文。

2 “人无弃人”三句：语见《老子》第二十七章。

译文

故此圣人的处世之道，不会拒绝有技能的人。因而《老子》说：“（能够人尽其才便）没有被遗弃的人才，（善于物尽其用便）没有被抛弃的物品，这是合于道而保持明境。”

赏析与点评

有道德的人会物尽其用，这亦反映了古代的环保思想。

颜回谓仲尼曰：『回益矣[1]。』仲尼曰：『何谓也？』曰：『回忘礼乐矣。』仲尼曰：『可矣。犹未也。』异日复见，曰：『回益矣。』仲尼曰：『何谓也？』曰：『回忘仁义也。』仲尼曰：『可矣。犹未也。』异日复见曰：『回坐忘矣[2]。』仲尼遽然曰[3]：『何谓坐忘？』颜回曰：『隳支体[4]，黜聪明，离形去知，洞于化通。是谓坐忘。』仲尼曰：『洞则无善也[5]，化则无常矣。而夫子荐贤，丘请从之后。』故《老子》曰：『载营魄抱一，能无离乎！专气至柔，能如婴儿乎[6]？』

注释

1 益：得益，长进。本节出自《庄子·大宗师》，文字稍有改动，而颜回及孔子的对话是庄子虚构的。

2 坐忘：指静坐而忘掉外物和自我，与道合一的精神境界。

3 遽然：突然、猛然。

4 隳：废弃。

5 善：《庄子》作“好”，即嗜好。

6 “载营魄抱一”四句：引用《老子》第十章。

译文

颜回对孔子说：“我最近有长进了。”孔子说：“那是什么意思？”颜回说：“我忘掉礼乐了。”孔子说：“不错啊，似乎仍不够。”过了一段日子后，二人再见面，颜回说：“我近来又有新长进了。”孔子说：“那是什么意思？”颜回说：“我忘掉仁义了。”孔子说：“不错啊，似乎仍不够。”又过了一段日子后，二人再见面，颜回说：“我达到坐忘的境界了。”孔子突然改变脸色说：“什么是坐忘？”颜回说：“我静坐时忘掉了肢体的存在，罢黜聪明，离开了形躯，变得无智无慧，洞察自然变化的妙道。这就叫坐忘。”孔子说：“与道融合就没有了嗜好，与道化而为一就不拘于常理。看来夫子已远远超远了我，让我跟从在你后面吧。”故此《老子》说：“形躯与精神魂魄合一，能够不分离吗？结集精气达至柔和畅顺，能够像婴儿的状态吗？”

物故有近之而远，远之而近者。故大人之行，不掩以绳，至所极而已矣。此所谓《管子》『枭飞而维绳』者[1]。

注释

1 枭飞而维绳：语出《管子·宙合》，《管子》作："鸟飞而准绳。"

译文

所以说事物有时近在身旁却远在天边，有时远在天边却近在身旁。故此智者行事，不会死守规条，能够达到终极的目标就行了。这就是《管子》所讲的"雀鸟的飞行不像墨绳那样笔直，但它们一定能达到目标。"

赏析与点评

确立长远的目标，中间的过程看似偏离是不重要的，只要在过程中学习，增长智慧，不断改善，就会一步一步地接近目标。

曰：『何谓益而损之[1]？』曰：『夫物盛而衰，乐极则悲，日中而移，月盈而亏。是故聪明睿智[2]，守之以愚[3]；多闻博辩，守之以陋；武力毅勇，守之以畏；富贵广大，守之以俭；德施天下，守之以让。此五者，先王所以守天下而弗失也。反此五者，未尝不危也。』故《老子》曰：『服此道者不欲盈。夫唯不盈，故能弊而不新成[4]。』

注释

1 损：减损。自己为着长远和整体的情况而损减眼前利益。本节出自《说苑·敬慎》、《韩诗外传》等书。

2 睿智：通达深厚的智慧，接近或等同圣人的完美智慧。

3 守之以愚：道家中很重要的思想，提醒人们不要鲁莽行事，以免出现错误。

4 "服此道者不欲盈"三句：引用《老子》第十五章。

译文

（子贡）问："何谓要得益，先要减损？"孔子说："因为事物旺盛后就会衰败，快乐到极点便会产生悲伤，太阳到了中午就会向西偏移，月亮圆了之后就会残缺。故此要达到聪明和最高的智慧，必须守持愚拙；要见多识广博学雄辩，必须守持孤陋寡闻；要勇猛坚毅，必须守持敬畏胆怯的状态；要富贵尊大，必须守持节俭的生活；要道德布施天下，必须守持谦逊退让。这五种情况，是从前圣王守护国家而没有错失的原因；违反这五种情况，没有不危险的。"因而《老子》说："要维持此道的人，不要求满足欲望。唯有不满足，才能去旧更新。"

赏析与点评

许多人都知道“物极必反”，此段认为应谦虚地守在“不盈”区域，如“聪明睿智，守之以愚；多闻博辩，守之以陋；武力毅勇，守之以畏；富贵广大，守之以俭；德施天下，守之以让”，就是用余白、留白的态度，给别人和自己留一点空间。

卷十三　泛论

本卷导读

以多角度来观察事物，是开启自我智慧窍门的重要途径。本卷题为“泛论”，“泛”是泛滥，指各种观点多如大水泛滥。能够掌握道的源头，自然可以开阔地谈论大变化，故此高诱解题说：“博说世间古今得失，以道为化，大归于一。”本卷从各种观点看天地的事情、古今的变幻得失，内容广泛而具启发性。本卷所讨论的内容广泛，包括法制问题，认为“治国有常，以利民为本”。在介绍礼乐法制的同时，又说明服装的变化、器具的发明和使用，认为“法与时变，礼与俗变”，礼乐不能死守古代的规条，必须与时并进，表现出道体的活动。在治政方面，又提出“权变”的思想，主张刚柔并重，“乘时应变”。此外，又论及天人的关系，作者不以鬼神解释，而是以大道来说明天人的关系，认为这是道化的其中一种现象；而任何天地的事物、人间的论述，都归纳于一个整体的大道。

古者有鍪而绻领以王天下者矣[1]。其德生而不辱，予而不夺[2]，天下不非其服，同怀其德。当此之时，阴阳和平，风雨时节，万物蕃息，乌鹊之巢可俯而探也，禽兽可羁而从也，岂必褒衣博带[3]，句襟委章甫哉[4]？

注释

1 古者：指远古三皇五帝之前。鍪（móu）：古代的名贵冠帽。绻（quǎn）领：翻卷皮毛作为衣领。

2 予而不夺：让老百姓丰衣足食，不会征收重大的赋税、夺去民众的财产。

3 褒衣博带：古代儒生所穿着的衣服，较为宽松。

4 句（gōu）襟：弯曲的衣襟。委：周朝的冠帽。章甫：商朝的缁布冠，用于成人加冠礼的冠帽。以上是指儒服。

译文

古代的人戴上名贵的帽子，把皮毛翻起成为衣领，庄严谨慎，成为了帝王治理邦族的规范。他的德政令人民生活安稳，没有杀戮侮辱，只有给予人民财富，而没有征收重税，争夺人民的利益。全国没有人非议他的服饰，大家一同归附，心怀他的恩德。在那个时候，宇宙阴阳和平，大地风调雨顺，各依时节，万物生长繁荣，气息旺盛。乌鸦和喜鹊的鸟巢筑在低处，随地可以拾得，禽兽只要稍微用绳子绑着，就会跟在人的后面走。哪里需要穿着儒生的宽衣，系上宽腰带，穿着弯曲襟衣，戴着布冠礼帽呢？

故民迫其难则求其便，困其患则造其备，人各以其所知[1]，去其所害，就其所利。常故不可循[2]，器械不可因也[3]，则先王之法度有移易者矣。

注释

1 知：古意通“智”，但此处兼合知识、智能两种意义。

2 常故：旧有的习惯和知识。

3 因：因循，依旧不变。

译文

所以人民被压迫受难就会寻求方便快捷的方法离开，经历困难祸患便会制造防备的工具，人们凭自己的知识才智，避开有害的，靠近有利的。旧习惯不可以完全依循，器械对象不可以依旧不变，因此以往帝王的法律制度也有移除修改的必要。

故圣人制礼乐，而不制于礼乐[1]。治国有常，而利民为本；政教有经[2]，而令行为上。苟利于民[3]，不必法古。苟周于事，不必循旧。夫夏、商之衰也，不变法而亡。三代之起也，不相袭而王。故圣人法与时变，礼与俗化，衣服器械各便其用，法度制令各因其宜。故变古未可非，而循俗未足多也[4]。

注释

1 不制：不受到牵制。

2 经：常理或常规，经典内所记载的常规道理。

3 苟：能够。

4 多：称赞。

译文

故此圣人制定礼乐，不会受制于礼乐的规条。治国都是用常理，以有利于人民为根本原则；政令和教化都有经典常规作为依据，而政令以能够实行为最好。只要能够有利于人民的，就不一定要效法古制；能够配合实际事理的，就不一定要依循旧法。夏朝和商朝衰败，是因为不变通古制而灭亡；夏、商、周三代兴起，就是因为不沿袭旧法而令天下和谐兴旺。因此圣人的法制是与时俱变的，礼仪随着风俗不同而变化。衣服和器物各自方便使用，法律制度和政令各自因时制宜。所以变更古法无可非议，因循守旧不值得称赞。

故不用之法，圣王弗行；不验之言，圣王弗听。天地之气，莫大于和。和者，阴阳调，日夜分，而生物。春分而生，秋分而成，生之与成，必得和之精。故圣人之道，宽而栗[1]，严而温，柔而直，猛而仁。太刚则折，太柔则卷，圣人正在刚柔之间，乃得道之本。积阴则沉，积阳则飞，阴阳相接，乃能成和。

注释

1 栗：坚硬。

译文

故此没有用的法制，圣王不会推行；不符实际的言论，圣王不会听取。天地之间的气，没有比“和”的功能更大了。和，使阴阳调和，日夜分配分明，从而产生万物。春分的时节万物生长迅速，秋分的时候就有所收成，由生长至收成，都必定是得到和气的精华。因此圣人治国的原则，宽厚而坚定，严肃而温和，柔顺而正直，猛烈而仁慈。太刚强则会折断，太柔软则会卷缩，圣人刚好掌握在刚柔之间，处理所有事务，这正是得到大道的根本。积聚阴气则会下沉，积聚阳气则会飞扬，阴气和阳气互相接触调和，才能形成“和”的作用。

赏析与点评

极度刚柔都会变成坏事，“太刚则折，太柔则卷”，这是物理现象，也是人性的表现，调和恰当，才是大道的智慧。

夫绳之为度也，可卷而伸也，引而伸之，可直而晞[1]，故圣人以身体之。夫修而不横，短而不穷，直而不刚，久而不忘者，其唯绳乎！故恩推则懦，懦则不威；严推则猛，猛则不和；爱推则纵，纵则不令；刑推则虐，虐则无亲。

注释

1 晞（xī）：仰望。

译文

墨绳作为量度的器具，可以卷曲包围，拉引伸长它时，可以瞄准测直，故此圣人以身躯来体现墨绳这两种特性。虽然修长但不会阻塞，虽然短但不会穷尽，虽然正直但不刚烈，长久而不会被遗忘，这都是墨绳的特性吧？因此只推行恩德的政令会变得懦弱，懦弱则不威武；只推出严厉的政令就会太过猛烈，猛烈则不和睦；只推行仁爱的政令会变成放纵，放纵便没有人听从命令；只推行刑罚会显得暴虐，暴虐则没有人亲附。

今不知道者，见柔懦者侵，则矜为刚毅；见刚毅者亡，则矜为柔懦。此本无主于中，而见闻舛驰于外者也[1]，故终身而无所定趋。

注释

1 舛（chuǎn）：乖离，违背正路。

译文

现今不知宽猛并济之道的人，看到柔顺懦弱的人便侵凌他们，自夸为刚强坚毅；看到刚强坚毅的人就逃走，则自夸为柔顺懦弱。这是因为没有主见原则在心中，以致看到外在的事物就错乱奔驰，故他们一生中都没有固定的方向和目标。

赏析与点评

现在有许多人都喜欢批评挑剔别人，“见柔懦者侵，则矜为刚毅；见刚毅者亡，则矜为柔懦”，不会欣赏别人的长处并加以学习，他们善恶不分，最终只会堕落，埋葬自己的人性。

夫弦歌鼓舞以为乐，盘旋揖让以修礼[1]，厚葬久丧以送死，孔子之所立也，而墨子非之。兼爱尚贤，右鬼非命[2]，墨子之所立也，而杨子非之。全性保真，不以物累形，杨子之所立也[3]，而孟子非之。趋舍人异，各有晓心[4]。故是非有处，得其处则无非，失其处则无是。

注释

1 揖让：作揖行礼，身体弯躬，互相让路。

2 右：尊崇。《墨子·明鬼》认为人死后会成为鬼，作恶的人会被鬼报复。非命：否定有“命”。

3 杨子：即杨朱，字子居。战国时代卫国人。他主张“为我”、“拔一毛而利天下不为也”，与墨子的兼爱思想刚刚相反。

4 晓心：心中清楚自己的判断。

译文

用弦歌配合打鼓舞蹈编排成为乐曲，盘旋绕行，拱揖让路，用以修养礼仪，以厚葬和长久守丧来送别死者，这是孔子所定立的，而墨子则反对他。兼爱他人，尊敬贤士，敬重鬼神，反对宿命论，是墨子所定立的，而杨子反对他。保全真性，不因外物损害身形，是杨子所定立的，而孟子反对他。人们的取舍因人有异，各人都有自己的心思判断。故此是非都有理由依据，明白它的依据则无须反对，失去它的依据就没有理由接纳。

赏析与点评

墨子以俭约的观点评论儒家的厚礼，其实以不同角度察看事物就会有不同的看法，因此是非有时难以下定论。例如过分节俭，会令人变得吝啬。

故事有可行而不可言者，有可言而不可行者，有易为而难成者，有难成而易败者。所谓可行而不可言者，趋舍也[1]；可言而不可行者，伪诈也；易为而难成者，事也；难成而易败者，名也。此四策者，圣人之所独见而留意也。诎寸而伸尺[2]，圣人为之；小枉而大直，君子行之。

注释

1 趋舍：即取舍。

2 诎（qū）寸而伸尺：不计较小的损失，以便得到较大的利益。诎亦作“诎”。

译文

故此有些事情是可行而不可说的，有些是可以说而不可以实行的，有些是容易做而难以成功的，亦有些是难以成功而容易失败的。所谓可以实行而不可说，是取舍；可以说而不可以实行，是诈伪；容易做而难以成功，是事业；难以成功而容易败坏的，是名声。这四种情况，是圣人独到的眼光所见而会特别留意的事。损失小利而得到较大的利益，圣人会这样做；在小处受到委屈，而在大原则中坚持正直，是君子的行为。

赏析与点评

做事最难的地方是坚持，故“易为而难成者，事也”，圣贤不求名，坚持匡扶世道，失败了会再努力，最后成功得名，因为“难成而易败者，名也”。

齐桓公将欲征伐，甲兵不足，令有重罪者出犀甲一戟[1]，有轻罪者赎以金分，讼而不胜者出一束箭。百姓皆说，乃矫箭为矢[2]，铸金而为刃，以伐不义而征无道，遂霸天下。此入多而无怨者也，故圣人因民之所喜而劝善，因民之所恶而禁奸。故赏一人而天下誉之，罚一人而天下畏之。故至赏不费，至刑不滥。

注释

1 犀甲：犀牛皮制成的甲胄，引申为坚固的甲胄。古代多用动物厚皮做甲胄，犀牛皮是其中较优良的物质。戟：古代冷兵器的一种，是戈和矛的结合，具备勾、啄、撞、刺四种功能于一体。

2 矫：将弯曲的物料弄直，这里指用火烤竹竿以弄直为箭。

译文

齐桓公即将征战打仗，但兵员军械不足，于是命令有重罪的人，交出坚甲和武器，有轻罪的人按罪行程度交出金钱赎罪，讼诉失败的人要交出一束箭。百姓都很高兴，便制造挺直精良的箭，铸造金属成为各种兵器，用以攻伐征战无道和不仁义的诸侯国，于是齐桓公便成为盟主称霸天下。这就是收入多而人民没有埋怨的例子，故此圣人因应民众的喜好劝导他们向善，因应民众所厌恶的来禁止奸邪的事情。因而能奖赏一个人而天下人都会赞赏，处罚一个人而天下人都会畏惧。这就是最高的奖赏而不破费，最恰当的刑罚而不滥用。

大小尊卑，未足以论也，唯道之在者为贵。何以明之？天子处于郊亭[1]，则九卿趋[2]，大夫走，坐者伏，倚者齐。当此之时，明堂太庙，悬冠解剑，缓带而寝。非郊亭大而庙堂狭小也，至尊居之也。天道之贵也，非特天子之为尊也，所在而众仰之。夫蛰虫鹊巢，皆向天一者[3]，至和在焉尔。帝者诚能包禀道，合至和，则禽兽草木莫不被其泽矣，而况兆民乎！

注释

1 郊亭：天子往郊外行祭礼的临时住所。

2 趋：快步地走路，有跟随前面人群的意向。

3 天一：即太一神。

译文

大小和尊卑无须要详论，唯有大道存在的事物是最珍贵的。怎么说明这个道理？君主身在郊外祭祀的临时住所，九卿会跟随，大夫离开后，坐着的人便伏下，站立的人都互相靠拢。这个时候，宫殿的礼堂，祖先的太庙，挂着冠帽，解除利剑，解开腰带而睡。不是郊外的祭亭大，而庙堂地方狭小，大家便不顾礼仪，其实都是因为最尊贵的人停留，他们才会守礼仪。大道的尊贵，不只是像君主的尊贵般，它所在的地方，众人都会仰慕。好像蛰伏的昆虫和雀鸟的巢，都朝向着太一神，是因为那是和谐的所在。帝王如真能包融于大道，达到至和境界，那么禽兽草木没有不受到他的恩泽的，更何况是万民呢！

卷十四　诠言

本卷导读

本卷“诠言”是用尽言词来诠释大道，虽然作者明白“道可道，非常道”，但为了呈现宇宙的真谛，他仍锲而不舍地描述具体形态的大道。本卷详尽阐述“无为”，“无为者，道之体也”，所谓“无为”，就是归根返本，以道应付千万事情，执一归道。作者认为必须抛弃世间的言辞，修养自身，保持天真的心性，顺势而行，不贪名利，简约处事，以不变应万变，返朴弃智地守着平静虚常，这就是做人的“无为”之道。作者观察到自然无为的生发功能，于是运用对比的方法，加以描写“有为”，以正、反、合的思维方式探索无为之中的微妙运动。

洞同天地，浑沌为朴，未造而成物，谓之太一。同出于一，所为各异，有鸟有鱼有兽，谓之分物。方以类别，物以群分，性命不同，皆形于有。隔而不通，分而为万物，莫能及宗[1]，故动而谓之生，死而谓之穷。皆为物矣，非不物而物物者也[2]，物物者亡乎万物之中。稽古太初，人生于无，形于有，有形而制于物。能反其所生，故未有形，谓之真人。真人者，未始分于太一者也。

注释

1 宗：原始的根本。

2 不物：恍惚虚无。物物：第一个“物”做动词，解作造；第二个“物”做名词，即事物。

译文

无形的天地，混沌而纯朴，还没有造成任何事物，这称为“太一”。万物都同样由“一”产生，但各有不同，有雀鸟，有鱼类，有禽兽，这过程称为分别物类。按照各种规格形类，把万物区分为不同族群品类，它们的性质和生命状态各自不同，但都是有形的物类。它们之间有所阻隔，不能相通，分别成为不同种类的万物，都不能返回本源的混一状态，故万物活动时称为生存，死亡称为生命运动的终止。它们都已经成为有形的物类，不是虚无没有实体，是被创造的具体物类，造物者已经消失在万物当中。考察远古天地未分的时候，人在无形中被创造，无形变成有形，一旦有了形体就受制于物体本身。能够返回生命的本源，好像未有形体之前，称为真人。真人的状态，就是未开始从太一分离的状态。

赏析与点评

所谓“有形而制于物”，人的肉体因为物质和欲望而有所消耗，人们没有反思人类的高尚精神，这令当代人感到失落空虚。《淮南鸿烈》认为应“反其所生，故未有形”，回归到没有形躯困扰的精神世界，唤醒潜伏的精神能量，达到天人合一的境界。

圣人不为名尸[1]，不为谋府[2]，不为事任[3]，不为智主。藏无形，行无迹，游无朕[4]，不为福先，不为祸始。保于虚无，动于不得已。欲福者或为祸，欲利者或离害[5]。故无为而宁者，失其所以宁则危；无事而治者，失其所以治则乱。星列于天而明，故人指之；义列于德而见，故人视之。人之所指，动则有章[6]；人之所视，行则有迹。动有章则词，行有迹则议。故圣人掩明于不形，藏迹于无为。

注释

1 尸：主宰，承担。

2 谋府：藏谋策的地方。

3 事任：事务的执行者。

4 朕：征兆迹象。

5 离：通“罹”，遭遇，受到结果的影响。

6 章：规章，有规律。

译文

圣人不会为空虚的名声而承担，不会成为藏谋策的人，不做事不任职，不做智巧的主人。他隐藏时没有形体，行动而没有踪迹，遨游时没有征兆；不事先预卜幸福，不招惹灾祸；他保持在虚静无为的状态，活动完全出于自然。想得到幸福的人，或会变成灾祸，想得到利益的人，或会受到损害。故此在无为中而安宁的人，失去宁静便会危险；靠无为而治理事务的人，失去治理的依靠便会令天下混乱。星辰排列在空中会明亮，因而人人指着星星；仁义通过施恩惠的德行而被反映出来，因此其他人可以见到。人们所指的星星，活动都有规律轨道；人们所见的仁义，一切行为都有形迹可寻。活动有了规律就会受到批评，行为有轨迹就会受到非议。所以圣人掩蔽自己的光彩，不露形态，埋藏行动的踪迹于无为之中。

赏析与点评

智者不会做作，隐晦而“藏无形”，因为骄傲必会招来话柄和讥笑，失去安宁，“故无为而宁者，失其所以宁则危”。

自信者不可以诽誉迁也，知足者，不可以势利诱也，故通性之情者，不务性之所无以为；通命之情者，不忧命之所无奈何；通于道者，物莫不足滑其调1。

注释

1 滑：扰乱，心境被触动而不稳定。

译文

自信的人不能用诽谤或赞誉来令他有所改变，知足的人不可以用权势利益来令他受到诱惑。故此通达天性真情的人，不会做违背天性真情的事；通晓命运情理的人，不会忧心命运的无可奈何；通达于大道的人，外在的器物不足以扰乱他的精气神。

赏析与点评

有些人因为自信不足，所以被人恶意诽谤后便情绪大受困扰。这段说“自信者不可以诽誉迁也”，说明真正有自信的人对流言毫不在意，轻松自在。

原天命则不惑祸福，治心术则不妄喜怒，理好憎则不贪无用，适情性则欲不过节。不惑祸福则动静循理，不妄喜怒则赏罚不阿，不贪无用则不以欲用害性，欲不过节则养性知足。凡此四者，弗求于外，弗假于人，反己而得矣。

译文

弄清上天命运的本原就不会疑惑祸福的降临，管治好心态就不会喜怒无常，理顺爱好和憎恶的情感就不会贪求无用的事物，适度抒发情感及欲望，欲望就不会超过节度了。不疑惑于祸福，一举一动就循着道理而行；不喜怒无常，赏罚就恰当正确；不贪无用的事物就不会导致物欲伤害天性；欲望不超过节度，修养性情便知足常乐。这四种修养，无须假借于他人，返回自己的心身便能获得了。

天下不可以智为也，不可以慧识也，不可以事治也，不可以仁附也，不可以强胜也。五者，皆人才也，德不盛，不能成一焉。德立则五无殆，五见则德无位矣。故得道则愚者有余，失道则智者不足。

译文

世间的事情不可以靠智巧去做，不可以用聪慧去识别，不可以倚赖勤劳去治理，不可以仁慈来令人依附，不可以使用强力取胜。这五种能力，都是人的才能，如果德行不高尚，就不能成就一件大事。德行修养好，这五个方面便没有危险，这五种才能突出，德行便不被人重视了。故此得道后，愚蠢暗昧的人就变得才能卓越；失去了道德，聪明的人便会变成智慧不足。

为治之本，务在于安民；安民之本，在于足用；足用之本，在于勿夺时[1]；勿夺时之本，在于省事；省事之本，在于节欲；节欲之本，在于反性；反性之本，在于去载[2]。去载则虚，虚则平。平者，道之素也[3]；虚者，道之舍也。

注释

1 夺时：妨碍最适当的时间，这里指农业耕种与气候时间。

2 去载：去除内心的杂念负担。

3 素：朴素的本质。

译文

管治国家的根本，在于切实地安定人民；安定人民的根本，在于使民衣食充足；衣食充足的根本，在于不去阻碍农耕依时生产；依时生产的根本，在于减省赋税徭役；减少赋税徭役的根本，在于节制君臣的欲望；节制欲望的根本，在于返回天性；返回天性的根本，在于除去心中的杂念。去除杂念，心胸就会虚静，虚静便会平和。平和是道德的朴素性质；虚静，是道德的根基居所。

赏析与点评

这段从“为政”开始追本溯源，逐步说明“为政”、“足用”、“勿夺时”、“省事”、“节欲”、“反性”、“去载”的根本，其层次如下：

为政→安民（令民众安稳）→足用（满足百姓的衣、食、住、行）→勿夺时（政府不阻碍百姓生产）→省事（减省赋税徭役）→节欲（当政者要自我节制过多的欲望）→反性（要返回天真的人性去理解老百姓）→去载（去除心中一切的负载杂念，清心寡欲）。

当做到内心“去载”，心里就像拉起了遮挡的帷幕，心虚广阔，平静安然，能容纳无穷的大道。

能有天下者必不失其国，能有其国者必不丧其家，能治其家者必不遗其身；能修其身者必不忘其心，能原其心者必不亏其性，能全其性者必不惑于道。故广成子曰[1]：『慎守而内，周闭而外，多知为败。毋亲毋听，抱神以静，形将自正。不得之己而能知彼者，未之有也。』

注释

1 广成子：黄帝时代的人物，是一位有道之士。

译文

能够拥有天下的爱戴，必定不会失去国家；能够拥有国家的支持，必定不会丧失家庭；能够治理好家庭，必定不会忘记修身；能够修养自身，必定不会忘记自己的心；能够使心返回本原的人，必定不会亏损天性；能够保存自己的天性，必定不会对道德感到疑惑。故此广成子说：“向内谨慎守持，周密地向外界封闭，知道太多会败坏心境。不要看不要听，抱持精神宁静，形躯便会自然正直。不得知自己的心性修养境界，而能够知道别人的心境想法，从来没有这种事。”

赏析与点评

此段类似儒家修、齐、治、平的思想，不过其最重要的思想还是根基的自修，即“抱神以静，形将自正”，抱持着精神，安于宁静的心境。

能成霸王者，必得胜者也；能胜敌者，必强者也；能强者，必用人力者也；能用人力者，必得人心也；能得人心者，必自得者也；能自得者[1]，必柔弱也。强胜不若己者，至于与同则格[2]，柔胜出于己者，其力不可度。故能以众不胜成大胜者，唯圣人能之。

注释

1 得：得到，古语"得"等同"德"，有德的人才能够得到名位事物。

2 格：格斗，比武。

译文

能够成为霸王的，必定是得到胜利的人；能够获胜打败敌人的，必定是强者；能够成为强者，必定是懂得善用众人的力量；能够善用众人的力量，必定是深得人心；能够深得大众的心，必定是有道德的人；能够有道德的，必定是表面柔和软弱的。用强力胜过不及自己的人，遇到势均力敌的对手就会与他比拼，用柔术胜过力量超过自己的人，当中的力量无法量度。故此，能从多次失败吸取教训而最终获得大胜利的，只有圣人能够做到。

何谓无为？智者不以位为事，勇者不以位为暴，仁者不以位为患，可谓无为矣。夫无为，则得于一也。一也者，万物之本也，无敌之道也。

译文

什么是无为？有智慧的人不用地位权力来做事，勇敢的人不用地位权势来施行强暴，仁德的人不用地位权势造成祸患，这可以称为“无为”了。达到无为而治，便得到“一”了。“一”，是万物的根本，是无可匹敌的大道规律。

赏析与点评

这里简单而直接地解释了“无为”的意义，就是在不同岗位上不胡作妄为，让内心安稳，集中一切精神于轻松自然的心境状态，与大道融为一体。

凡人之性，少则猖狂，壮则暴强，老则好利。一人之身既数变矣，又况君数易法，国数易君！人以其位通其好憎，下之径衢不可胜理[1]，故君失一则乱，甚于无君之时。

注释

1 径衢（qú）：很多不同的路线，喻意为无数的花样变化。

译文

凡是人类的性情，少年时会狂妄，壮年时则暴力逞强，老年时则贪好利益。一个人的身体既然数次改变性情，更何况君主多次改动法律，国家多次变换君主呢！如果人以自己的职位变动来改动喜好憎恶，下属花样无数的办事方式，就不能处理得有条理了，故此君主失“一”便会引致动乱，甚至比没有君主时更混乱。

圣人无屈奇之服[1]，无瑰异之行，服不视，行不观，言不议，通而不华，穷而不慑，荣而不显，隐而不穷，异而不见怪，容而与众同；无以名之，此之谓大通。

注释

1 屈奇：长短不一的奇异服装。

译文

圣人没有奇装异服，没有怪异的行为；别人不会看他的服装和外表，不会观察他的行为，议论也不会提起他，事理通达而不哗众取宠，贫穷时不会畏惧，荣升时不会炫耀，隐藏时不窘迫，见解异于常人却没有人责怪他，容貌与众人相同；没有恰当的言词表达这些特征，就称为“大通”。

赏析与点评

作者认为在平凡之中显出伟大，是真圣者的自然表现，“无屈奇之服，无瑰异之行”，圣者不会用奇装异服吸引他人，也不会做出怪诞的行为，他的精神大大通透于天地。

凡人之性，乐恬而憎悯[1]，乐佚而憎劳[2]。心常无欲，可谓恬矣；形常无事，可谓佚矣。游心于恬，舍形于佚，以俟天命，自乐于内，无急于外，虽天下之大，不足以易其一概。日月廋而无溉于志[3]，故虽贱如贵，虽贫如富。

注释

1 恬：心神宁静舒适。

2 佚：通“逸”，安乐闲适。

3 廋（sōu）：藏匿，隐蔽。

译文

一般人的性情，喜爱恬适而憎恶忧愁，喜爱安逸而憎恶劳动。心境时常没有欲望，可称为恬适；形体时常没有做事，可称为安逸了。心存在恬适中，形体处在安逸中，等待上天命运的安排。自己在内心寻得快乐，不着急外间的事务，虽然世界很大，不能够改变他一向的意志。即使日月隐匿起来，也不能令他动心，所以虽然地位低贱，但志气却很高贵，虽然贫穷，但精神却很富裕。

赏析与点评

凡人都是好逸恶劳，追求名利物欲的，可是人如果永无止境地追求，便会令心身残损。唯有修养心性，才能令精神满足，并且“虽贱如贵，虽贫如富”，内心恬静，无论是贫贱富贵都不会减少精神的快乐。

大道无形，大仁无亲，大辩无声，大廉不嗛[1]，大勇不矜[2]。五者无弃，而几乡方矣[3]。军多令则乱，酒多约则辩。乱则降北[4]，辩则相贼[5]。故始于都者常大于鄙[6]；始于乐者常大于悲，其作始简者，其终本必调。

注释

1 嗛（xián）：口里衔着东西，指贪婪。

2 不矜：不会自我夸大。

3 方：正道。

4 降北：被人打败而投降逃跑。

5 贼：伤害。

6 都：美好的情况。

译文

大道没有形态，大仁大慈没有偏爱，大是大非的辩论没有声响，正大的廉洁没有贪欲，大勇猛不骄傲自夸。不抛弃这五种优点，便接近于正道了。军队的命令过多或不一致便会造成混乱，酒席宴会上太多规矩就会产生争吵；军队混乱便会打败仗，争吵辩论激烈最终会令人互相伤害或打架。故此在开始时美好的，常常在最后变成丑陋；开始时快乐，常常在最后变成悲哀；开始的时候简单，最终必定调和相融。

天道无亲，唯德是与。有道者，不失时与人；无道者，失于时而取人。直己而待命，时之至不可迎而反也[1]；要遮而求合[2]，时之去不可追而援也。故不曰我无以为而天下远，不曰我不欲而天下不至。古之存己者，乐德而忘贱，故名不动志；乐道而忘贫，故利不动心。名利充天下，不足以概志，故廉而能乐，静而能澹。故其身治者，可与言道矣。

注释

1 反：返回，溜走。

2 要遮：阻挡，拦截。

译文

天道没有偏心，它只会给予有德行的人。有道的人，不会错失时机给人帮忙；无道的人，失去时机并在他人身上获得利益。自己正直，等待命运的安排，时机到来，不可让它失去溜走；阻挡机遇而追求合时的人，时机过去了是拉不住的，是不可以追回的。故此圣人不会说自己没有作为，而天下的事情远离他，不会说我没有贪欲，而天下的事物就不落到他手里处理。古代那些能够保存自己的人，都是乐于行德而忘掉卑贱，因此名声不能动摇他的意志；乐于修道而忘掉贫困，所以利益不能动摇他的心境。名利充满世界，却不能影响他的志气，因此他廉洁而快乐，清静而淡泊满足。所以身心修养得好的人，可以和他谈论大道了。

赏析与点评

很多人年青时都怀有大志，可惜受名利熏染，只剩下极少数人能“名利充天下，不足以概志”，只有身心廉洁恬淡的人，才“可与言道”。

卷十五　兵略

本卷导读

本卷“兵略”集中讨论了战争。先秦诸子各有兵略观点，本卷除了是集大成的系统性理论外，亦发展了独特的军事策略原则，当中谈到战争的由来及将帅的修养和军队的建立。作者认为作为军队的高层领导，总离不开大道的修养，没有修养自身，根本不能发挥高超的智慧，难以领军御敌。此外，本卷认为现实之中不能只讲道德仁义，“武”字以“戈”、“止”为“武”，人们必须具备戈器防患于未然，兵精粮足，并且懂得用兵的策略，才能保家卫国。用兵之道，必须从军事理论开始，本卷认为战争的目的应该是“存亡继绝，平天下之乱，而除万民之害”；文中又从国与国之间的政治角力，引出军事对峙的胜败关键在于正义雄师的理据是否充足，因为这影响着全军的士气。

本卷还有一个特色，就是“庙算思想”，作者认为在作战控制中心内，统帅调兵遣将能够决胜于千里之外，虽然当时通讯不发达，但统帅仍然能够掌控全局，达到“用兵如神”的境界。此篇被后世高度评价，与《孙子兵法》同样在军事方面有很重要的地位。

人有衣食之情，而物弗能足也，故群居杂处，分不均，求不澹，则争。争，则强胁弱而勇侵怯。人无筋骨之强，爪牙之利，故割革而为甲，铄铁而为刃[1]。贪昧饕餮之人[2]，残贼天下，万人搔动[3]，莫宁其所有。圣人勃然而起，乃讨强暴，平乱世，夷险除秽[4]，以浊为清，以危为宁，故不得不中绝。兵之所由来者远矣！

注释

1 铄（shuò）：用强火熔解金属。

2 饕餮（tāo tiè）：古代神话的贪食恶兽，比喻贪心的恶人抢夺食物和利益。

3 搔：即“骚”，扰乱，动乱。

4 夷：铲除平整。秽：杂乱的野草，比喻恶劣的行径。

译文

人类有衣食的欲望，但物资不能够满足人们的需求，故此族群混杂而居，分配不平均、需求得不到满足时，便发生争夺。争夺，强者便会欺压弱者，勇猛的侵凌怯懦的。人没有很强壮的筋骨和锋利的爪牙，所以就割下兽皮制成铠甲，熔铁而制成刀剑。贪婪凶恶的人，残害抢劫天下的人，于是人民骚动，没有了安宁的住所。圣人愤慨地挺身而出，讨伐强暴的贼党，平定乱世，消弭危险和恶劣的行径，令浊世变为清静，把危险变为安宁，所以强暴的人不得不在中途被灭绝。战争的由来很久以前便有了。

教之以道，导之以德而不听，则临之以威武。临之威武而不从，则制之以兵革。故圣人之用兵也，若栉发耨苗[1]，所去者少，而所利者多。杀无辜之民，而养无义之君，害莫大焉；殚天下之财[2]，而澹一人之欲，祸莫深焉。

注释

1 栉（zhì）：梳子，梳头。耨（nòu）：锄草，除草的工具。

2 殚（dān）：耗费殆尽。

译文

用道理教育作恶的人，以正确的德行开导他们，如果他们不听从，便在他们面前显示威武。在他们面前显示威武仍不能使之遵从，便派兵马制服他们。故此圣人用兵，好像梳头除草一样，去掉的是少数的害虫，而所得的利益却很多。杀害无辜的人民，而供养没有仁义的君主，害处没有比这更大的了；耗尽天下财产来满足一个人的欲望，祸患没有比这更深远的了。

夫为地战者不能成其王，为身战者不能立其功。举事以为人者众助之，举事以自为者众去之。众之所助，虽弱必强；众之所去，虽大必亡。兵失道而弱，得道而强；将失道而拙，得道而工[1]；国得道而存，失道而亡。

注释

1 工：精巧。

译文

为抢夺土地而战争的人不可能成为王者，为一己私欲而战的人不可能建立功业。做事为了他人的人，大家都会襄助他；做事为了自己的人，大家都会离开他。得到众人的帮助，即使是弱小的都必定变得强大；被众人离弃的，即使是强大的都必定灭亡。用兵失去道便会衰弱，掌握道便会增强；将领失去道会变得拙劣，得道便会变得精巧；国家得道便可生存，失去道便会灭亡。

赏析与点评

虽然军人在战争中负责执行任务，但民众的支持和拥戴却不容忽视，因为“众之所助，虽弱必强”，民众的支持对士气和胜负具有关键的作用。

所谓道者，体圆而法方[1]，背阴而抱阳，左柔而右刚[2]，履幽而戴明，变化无常，得一之原[3]，以应无方，是谓神明。

注释

1 体：依照。圆、方：自然规律。

2 左柔而右刚：左为主，右为辅。这里指柔为主，刚辅助之。

3 一之原："一"这个万物的本原，即指道。

译文

所谓大道，是依照"圆"又效法"方"的自然规律，背着"阴"怀抱着"阳"，左面用"柔"右面用"刚"，脚踏幽暗头顶光明，事物变化没有常规，只要懂得"一"的本原，就可以应对无限的变化，这便称为"神明"。

赏析与点评

明白事物两个极端相互配合和克制的原理，圆与方、阴与阳、柔与刚、幽与明，恰当地使用，使精神融会其中，自然能够体道而用，多样化地应用。

故庙战者帝[1]，神化者王。所谓庙战者，法天道也；神化者，法四时也。修政于境内而远方慕其德，制胜于未战而诸侯服其威，内政治也。

注释

1 庙战：指不动兵卒而在朝廷内筹谋计划以令敌人降服。

译文

故此用“庙战”的人能称帝，用精神感化人的人能成为君王。所谓“庙战”，是指能够效法宇宙大道；所谓“神化”，是指效法四季变化的规律。在国境内整治政事，令远方诸侯都仰慕其道德，在战争之前制服诸侯取得胜利，令诸侯佩服你的威信，这就是国家内部政治清明的缘故。

故善用兵者，用其自为用也；不能用兵者，用其为己用也。用其自为用，则天下莫不可用也；用其为己用，所得者鲜矣。兵有三诋，治国家，理境内，行仁义，布德惠，立正法，塞邪隧，群臣亲附，百姓和辑[1]，上下一心，君臣同力，诸侯服其威而四方怀其德，修政庙堂之上而折冲千里之外，拱揖指㧑而天下响应[2]，此用兵之上也。

注释

1 辑（yī）：即揖，有礼貌的揖让。

2 指㧑（huī）：同指挥。

译文

故此善于用兵的人，令士兵明白他们作战是对自己有利的；不善于用兵的人，令士兵只为将领、少数人的利益而作战。让士兵明白为自己利益而战，则天下没有士兵是不能利用的；令士兵为少数人的利益而战，所得到的追随者便很少了。用兵有三种基本战略，管治好国家，理顺日常政务，施行仁义，广布德泽恩惠，订立公正的法律，堵塞奸邪的活动，令群臣亲和依附，百姓和睦礼让，全国上下一心，君主和官员同心合力，周边的诸侯国钦佩它的威信，而天下的人都感怀这个国家的道德。在朝廷中修明政治能使千里外的敌人不敢进犯，轻松地处理外交关系，而天下各国都如回音般回应，这是用兵的上策。

赏析与点评

国家治理得好，有仁义道德，是令国家富强的核心。如果只单靠武力，往往不能抵御敌人。国家必须先政治清明，广施仁义恩德，令人民“上下一心”，团结同心，这样便能令士气和力量倍增。

地广民众，主贤将忠，国富兵强，约束信[1]，号令明，两军相当，鼓錞相望[2]，未至兵交接刃而敌人奔亡，此用兵之次也。知土地之宜，习险隘之利，明奇正之变[3]，察行陈解赎之数[4]，维枹绾而鼓之[5]，白刃合，流矢接，涉血属肠，舆死扶伤，流血千里，暴骸盈场，乃以决胜，此用兵之下也。

注释

1 约束：指军队的法律、纪律。信：严格地执行军令。

2 錞（chún）：古代的铜制乐器。古代军队对阵，着重礼乐的国家会把军乐列队，显示纪律严谨。

3 奇正：古代兵法术语，对阵交锋为“正”，设计埋伏袭击为“奇”。

4 行陈：排列阵形。陈，通“阵”。解赎：分合。

5 维：衍文。枹（fú）：通“桴”，鼓槌。绾（wǎn）：系绑。

译文

土地广大人口多，领袖贤明，将帅忠良，国家富裕而兵卒强悍，军纪肃穆，号令严明，两军对垒，看见彼此的鼓錞整齐优秀，未开始交战，敌军已经慌忙而逃，这是次一等的用兵策略。了解土地是否适宜作战，熟悉有利的险隘做防卫，明白“奇正”兵法的千变万化，细察陈列战阵的分合规律要数，将鼓棒捆绑在手臂上槌打战鼓，刀剑交锋，箭矢相撞，踏着血水，踩着死伤者流出的肚肠，车辆载着无数的死伤者，血流成河，遍地骸骨暴露荒野，以这样的决战来取胜，是用兵的下策。

赏析与点评

“杀人一千，自损八百”，这是不变的古训，战争必会使“暴骸盈场”，即使杀敌取胜，却也同时会消耗国家的兵力。

必择其人，技能其才，使官胜其任，人能其事。

译文

必须选择恰当的人，估量他的才干能力，使各种官职都有人胜任，各人能够做好自己的本职。

赏析与点评

“必择其人，技能其才”不但适用于古代战争，现代商战亦同样要有各种专业人才，如能做到这点，便能令企业从根本处壮大。

兵之胜败，本在于政。政胜其民，下附其上，则兵强矣。民胜其政，下畔其上[1]，则兵弱矣。故德义足以怀天下之民，事业足以当天下之急，选举足以得贤士之心，谋虑足以知强弱之势，此必胜之本也。地广人众，不足以为强；坚甲利兵，不足以为胜；高城深池，不足以为固；严令繁刑，不足以为威。

注释

1 畔：通“叛”，背叛。

译文

战争的胜败，根本在于政治。良好的政策可赢取民众的爱戴，下属依附上级的领导，那么兵将便会强盛；民众压倒政府的威信，下级背叛上级，兵将便会弱小。所以道德仁义足以感怀天下的人民，功业足以应付天下的急事，选用人才足以得到贤士的心，深谋思虑足以知道强弱的形势，这些都是必胜的根本。地广人多，不足以令国家强大；卫甲坚硬兵器锋利，不足以取胜；城墙高大，护城河的水深，不足以牢固地守住城池；严厉的命令和繁多的刑罚，不足以建立威信。

德均则众者胜寡，力敌则智者胜愚，势侔则有数者禽无数[1]。凡用兵者，必先自庙战。主孰贤？将孰能？民孰附？国孰治？蓄积孰多？士卒孰精？甲兵孰利？器备孰便？故运筹于庙堂之上，而决胜乎千里之外矣。

注释

1 侔（móu）：均等，一致。禽：同“擒”，捉拿。

译文

双方的德政相同时，则士兵数量多的一方胜于人数少的；双方力量相若时，则有智慧的人战胜愚人；双方智谋一样时，则了解军事策略的一方可以捉拿不懂军事策略的一方。凡是用兵，必定要先在朝廷上谋划。哪一方的君主贤明？哪一方的将军有才能？哪一方的人民亲附？哪一方的国家管治得好？哪一方的积蓄军粮充足？哪一方的士卒训练精锐？哪一方的铠甲兵器坚固锋利？哪一方的器械军备方便使用？故此在朝廷上能运筹帷幄，便能够决定千里之外的战场的胜利。

赏析与点评

在面对战争这些大事时，必须有自知之明，懂得审查清楚每一项细节，明确判断能否取得胜利，否则不能妄动干戈。

故凌人者胜[1]，待人者败，为人杓者死[2]。兵静则固，专一则威，分决则勇[3]，心疑则北，力分则弱。故能分人之兵，疑人之心，则锱铢有余[4]；不能分人之兵，疑人之心，则数倍不足。故纣之卒，百万之心；武王之卒，三千人皆专而一。故千人同心则得千人力，万人异心则无一人之用。

注释

1 凌（líng）：跨越，这里有灵活快速、超越对方的含意。

2 杓：被攻击的目标，不动的标靶。

3 分决：每个人职责分明。

4 锱铢（zī zhū）：微小的重量单位。形容少量士兵。

译文

故此行军快速灵活，能超越敌人的便获得胜利，等待和被动的军队便会失败，成为被攻击的目标必定死亡。部队冷静则稳定坚固，目标一致则威猛，职责分明则勇敢，互相猜疑则会失败，力量分散则会削弱兵力。因此能分散敌人的兵力，使敌军产生疑心，那么动用少量兵马对付敌军也绰绰有余；不能够分散敌人的兵力，不能令敌军内心产生疑惑，则有数倍的军力也不足够。所以纣王的兵卒，百万人有百万种不同的心态；周武王的士卒，三千人一条心。因此千人同心就得到千人的力量；万人异心则没有一个人的力量可用。

赏析与点评

分散敌人的力量，使敌军分心，就是把敌人由大变小，使对方“万人异心则无一人之用”。由此可见，战争中士兵的心理是否团结合一是十分重要的，故此大将必须对人的心理有所了解。

是故圣人贵静，静则能应躁，后则能应先，数则能胜疏[1]，博则能禽缺[2]。故良将之用卒也，同其心，一其力，勇者不得独进，怯者不得独退，止如丘山，发如风雨，所凌必破，靡不毁沮，动如一体，莫之应圉[3]，是故伤敌者众，而手战者寡矣。夫五指之更弹，不若卷手之一挃[4]。万人之更进，不如百人之俱至也。

注释

1 数（cù）：密。

2 缺：残缺不周密，被人进攻的缺口。

3 圉（yù）：通“御”，抵御。

4 挃（zhì）：捣，撞。

译文

故此圣人珍惜清静，清静能够应付敌人的急躁，在后面能够应付前面的敌人，计划周密的军队能够战胜计划疏漏的，列阵完整的部队能够捉拿残缺阵势的。所以优良的将领带兵，会使兵卒同心合力，勇猛的人不会单独进攻，怯懦的人不会单独撤退。整支军队静止时像山丘，出发进攻时有如狂风暴雨，被他们攻击的敌军必定败破，没有不崩溃沮丧的；他们的军队行动时有如一个整体，没有谁能抵御得住。因此他们能杀伤许多敌人，而很少以短兵相搏。用五只手指轮流弹击，不如紧握拳头用力一击；一万人逐个交替前进，不如一百人一起御敌。

赏析与点评

这段指出带兵者要心平气和地指挥，因为“静则能应躁”，当敌方躁动无序时，正是进攻的良机。此外又指出军队要着重团队精神，士兵必须团结和服从命令，因为“五指之更弹，不若卷手之一挃”，必须集中力量攻击敌人。

神莫贵于天，势莫便于地，动莫急于时，用莫利于人。凡此四者，兵之干植也，然必待道而后行，可一用也。

译文

用兵作战，精神没有比合乎天道更珍贵的，形势没有比占有地险更方便的，行动没有比抓住时机更急切的，功用没有比人的团结更有利的。这四种情况，都是战斗的基本条件，然而必定要依赖大道才能够实行，并且可以整体一起发挥效用。

将者必有三隧[1]、四义、五行、十守。所谓三隧者，上知天道，下习地形，中察人情。所谓四义者，便国不负兵[2]，为主不顾身，见难不畏死，决疑不辟罪。所谓五行者，柔而不可卷也，刚而不可折也，仁而不可犯也，信而不可欺也，勇而不可凌也。所谓十守者，神清而不可浊也，谋远而不可慕也[3]，操固而不可迁也，知明而不可蔽也，不贪于货，不淫于物，不嗞于辩[4]，不推于方[5]，不可喜也，不可怒也。

注释

1 隧：通“达”。“三隧”指通晓三种情况。

2 便国：对国家有利的结果，方便国家获得利益。负兵：带走兵马，自立为小领袖。

3 慕：即“暮”，迟缓的调兵。

4 嗞（làn）：贪求。

5 推：扩充。方：区域。

译文

将军必须具备的条件有三隧、四义、五行、十守。所谓“三隧”，是指上知天文术数，下熟地形环境，中间洞察人情事理。所谓“四义”，是指忠诚为国不拥兵自重，为君主奋不顾身，遇到危难时不怕牺牲生命，解决疑问不怕承担责任。所谓“五行”，是指柔软但不能卷缩，刚强但不能折断，仁慈但不容侵犯，信实但不被欺骗，勇猛但不能被凌驾。所谓“十守”，是指精神清澈坚守不能混浊，谋略远大不能朝秦暮楚，操守坚定不能变迁，智慧明达不能被蒙蔽，不贪钱财，不沉醉于物欲，不花言辩驳，不扩充地盘，不能喜极忘形，不能怒火中烧。

是故无天于上，无地于下，无敌于前，无主于后，进不求名，退不避罪，唯民是保，利合于主，国之实也，上将之道也。如此，则智者为之虑，勇者为之斗，气厉青云，疾如驰骛，是故兵未交接而敌人恐惧。

译文

故此士卒战斗时好像没有天在上，没有地在下，没有敌军在前面，不担忧君主在后方牵制，进攻不为名誉，后退不逃避罪责，心中只想保卫人民，符合君主的利益，令国家利益得受实惠，这便是上将军的用兵之道。主将能够做到这样，有智慧的人便为他出谋献策，勇士会为他战斗，士气壮厉直冲青天云霄，疾飞奔驰，所以还未交战敌人便恐惧了。

卷十六　说山

本卷导读

崇山峻岭，使人有稳重的感觉，山岭崇高屹立，有如大道擎天不倒。原注解说："山为道本，仁者所处，委积若山，故曰说山。"仁者乐山，因为山中万物生气勃勃，生而不相争，在山的不同高度都有不同的生态环境；山中气候变幻无常，也反映出大道的常理。本卷运用大量的故事阐明道理，内容广泛；又用简洁的箴言表达，显示出《淮南鸿烈》的绚丽辞藻。

魄问于魂曰[1]：『道何以为体？』曰：『以无有为体。』魄曰：『无有有形乎？』魂曰：『无有。』『何得而闻也？』魂曰：『吾直有所遇之耳！视之无形，听之无声，谓之幽冥。幽冥者，所以喻道，而非道也。』魄曰：『吾闻得之矣！乃内视而自反也。』魂曰：『凡得道者，形不可得而见，名不可得而扬。今汝已有形名矣，何道之所能乎！』魄曰：『言者，独何为者？』『吾将反吾宗矣。』魄反顾，魂忽然不见，反而自存，亦以沦于无形矣[2]。

注释

1 魄：人的精气力量。魂：人的灵性神志。

2 沦：陷入，变成。

译文

魄问魂说："大道用什么作为本体？"魂说："用'无有'为本体。"魄说："'无有'有形体吗？"魂说："没有。"魄问："既然没有形体，怎样听闻它呢？"魂说："我只是遇到后才知道。看它时没有形状，听它时没有声音，称为幽冥。幽冥，是用以比喻大道的，并非大道本身。"魄说："我知道如何得道了，就是精神向内察觉形体，而自己返本归原。"魂说："凡是得道的人，形体不能被看见，名字不能被宣扬。现在你已有形体名字了，为何说已得大道呢！"魄说："既然你会说话，怎么说你没有形体？""我将要返回我的根本了。"魄回头一看，魂忽然之间不见了，回头望自己，也突然变成无形了。

赏析与点评

这里用魂、魄来描述大道的含意——"无有为体"，清楚说明道在无有之间，故切勿为道体定形。

视日者眩，听雷者聋；人无为则治，有为则伤。无为而治者，载无也；为者，不能有也[1]；不能无为者，不能有为也。人无言而神，有言则伤。无言而神者载无，有言则伤其神。之神者[2]，鼻之所以息，耳之所以听，终以其无用者为用矣。

注释

1 有：王念孙认为应作“无为”，可从下句“有为”推断之。

2 之神者：疑为衍文。

译文

眼望太阳会晕眩眼花，耳听雷声会耳鸣耳聋；人无为就可以治理好事情，有为便会受到伤害。无为而治，便无所不载；有为，便不能没有好恶情欲；不能没有好恶情欲，便不能有大作为。人闭口没有说话，便精神饱满，喜欢说话便会伤神。没说话便精神充裕，内心便无所不载；有说话便会伤害精神。鼻子能够呼吸，耳可以听到声音，精神最终都在无用的情况中成就有用的功能。

念虑者不得卧，止念虑[1]，则有为其所止矣，两者俱忘[2]，则至德纯矣。圣人终身言治，所用者非其言也，用所以言也。

注释

1 止念虑：停止思念忧虑的烦恼。

2 两者：指念虑本身及想停止念虑的意识。

译文

有思念忧虑的人，不能够安然入睡；停止思念忧虑，便是故意想办法使它停止。如果两者都抛弃忘掉，便达到至高纯和的道德境界了。圣人一生谈论修身治国平天下的事，但他并非运用言语的表面意思，而是应用言词的精神内涵和原则。

江、河所以能长百谷者，能下之也。夫惟能下之，是以能上之。

译文

长江、黄河所以能够令百谷生长，是因为它们能够处于低下的地方。就是因为能够处于低下，才能成为高尚。

赏析与点评

水被人称誉“润下”，因它能滋润大地的一切生物。由于水性能普济群生，因此本节便赞扬水的高尚。

泰山之容[1]，巍巍然高，去之千里，不见埵堁[2]，远之故也。秋豪之末，沦于不测。是故小不可以为内者，大不可以为外矣。兰生幽谷，不为莫服而不芳。舟在江海，不为莫乘而不浮。君子行义，不为莫知而止休。

注释

1 泰山：在山东省内，是五岳中的东岳，又称为“岱山”、“岱宗”、“岱岳”、“顶上”、“太山”、“泰岱”。

2 埵（duǒ）：坚硬的泥土堆。堁（kě）：尘土。

译文

泰山的容貌，巍峨高昂，离开千里之外，看到的就好像小土堆和尘土，因为距离遥远的缘故。秋毫的微末细小，可以沦没至不可测量的情况。故此细小到极点，再找不到内里的空间，庞大到无限，再找不到外面的界线。兰草生长在幽深的山谷里，不会因为无人采摘佩戴而不发出芬芳。船在江海上面停泊，不会因为无人乘坐而不浮起。君子行为正义，不会因为无人知道而停止下来。

赏析与点评

道德是人类独有的崇高行为，“君子行义，不为莫知而止休”，真君子不论宠辱，时刻都浸没在大道之中。

江出岷山，河出昆仑，济出王屋[1]，颍出少室[2]，汉出嶓冢[3]，分流舛驰，注于东海，所行则异，所归则一。通于学者若车轴，转毂之中，不运于己，与之致千里，终而复始，转无穷之源。不通于学者若迷惑，告之以东西南北，所居聆聆，背而不得，不知凡要。

注释

1 济：济水，出自河南省济源县王屋山，南流注入黄河，又称为“沇水”。

2 颍：颍水，出自河南省登封县西境的颍谷，少室山附近，东南流经河南、安徽，至西正阳关入淮河。

3 汉：汉水，出自陕西省宁羌县北嶓冢山，至湖北省汉口与汉阳之间流入长江，是长江最长的支流，亦是汉中盆地的命脉。亦称为“汉江”。

译文

长江源出岷山，黄河源出昆仑山，济水源出王屋山，颍水源出少室山，汉江源出嶓冢，分别流动奔驰，注入东海，所行经的地方不同，但归宿却是一样。精通学问的人好像车轴，跟随车毂而转动，自己没有动，却与车轮一起到达千里之外，来回往复，转动在无穷的地方。不通达学问的人，好像迷路的人，人家告诉他东西南北的方向，他好像聆听清楚了，但一转头就忘记了，因为他不知道辨别方向的重要诀窍。

赏析与点评

通识要求人们有独立思考的能力，还要明白“所行则异，所归则一”，殊途同归的道理。假如“背而不得，不知凡要”，不明白科日的要点窍门，便不能深入了解其知识。

众曲不容直，众枉不容正，故人众则食狼，狼众则食人。欲为邪者必相明正[1]，欲为曲者必相达直。公道不立，私欲得容者，自古及今，未尝闻也。

注释

1 必相明正：互相宣称对方是正直的人，其实没有事实证明，也没有标准。

译文

众多的事情已经被扭曲了，正直的道理就不被容纳；众人都徇私枉法了，正直的人就不被容纳。故此人多势众便可以杀狼而食，如果狼的数目众多，则反过来杀人而食。想做邪恶事情的人，必会互相吹嘘对方是正人君子；想做歪曲事情的人，必会互相维护正直，相互包庇错误。社会大众的公道不能确立，私欲却可以防范，由古至今还没有听闻过这种情况。

赏析与点评

群体的力量非常巨大，当群情激愤，便可能无法做出是非善恶的判断。有时候群众是盲目的，甚至会变成狼群。因此人们必须小心判别善恶，做好教育工作，使民众有理性的思维，不会听从妖言邪说，从而避免社会不宁。

狂者东走，逐者亦东走，东走则同，所以东走则异[1]。溺者入水，拯之者亦入水，入水则同，所以入水者则异。故圣人同死生，愚人亦同死生。圣人之同死生通于分理，愚人之同死生不知利害所在。

注释

1 异：差异。这里的差异不是指表面的差异，而是指性质和内心的不同。

译文

癫狂的人往东走，追逐的人同样向东狂奔，向东走是相同的，但向东走的原因则有差异。有人堕入水中遇溺，拯救他的人亦跳入水里，入水的状态是相同的，但入水的原因则有差异。故此圣人把生死看为一样，愚拙的人亦把生死看为一样。圣人把生死看为一样，但却通达生死分定的道理；愚拙的人把生死看为一样，却不知道人生真正的利害所在及原因。

走不以手，缚手走不能疾；飞不以尾，屈尾飞不能远。物之用者必待不用者。故使之见者，乃不见者也；使鼓鸣者，乃不鸣者也。

译文

跑步时不直接用手，但缚着双手跑步却跑不快；飞翔时不直接用尾巴，但是弯曲尾巴却飞不远。对象的功用，必要配合没有直接功用的其他部分，才能加以发挥。故此令事物能够显现，便是事物不显著的地方；令鼓鸣动发声的却是不发声的鼓槌。

赏析与点评

从这段可见古人早已知道跑步要用手辅助，才可以加速；雀鸟飞行要配合尾巴才能飞得遥远，故谓“飞不以尾，屈尾，飞不能远”。

先倮而浴则可，以浴而倮则不可；先祭而后飨则可，先飨而后祭则不可。物之先后，各有所宜也。

译文

先脱衣服裸露再沐浴是可以的，先沐浴然后再脱衣服便不是实际可行的；先祭祀然后享用食物是可以的，先享用食物然后祭祀是不合理不可行的。事物总有先后次序，各自有适宜安排的方式。

赏析与点评

“物之先后，各有所宜也”，此句类同于《大学》：“物有本末，事有终始，知所先后，则近道矣。”

卷十七　说林

本卷导读

本卷《说林》与上篇《说山》相似，可说是姊妹篇，其说故事及箴言的形式相同，山和林木互相辉映，可见作者及编者的心思。

无古无今，无始无终，未有天地而生天地，至深微广大矣。足以蹍者浅矣[1]，然待所不蹍而后行；智所知者褊矣，然待所不知而后明[2]。

注释

1 蹍（niǎn）：践踏。

2 明：通透明白，深入明悟，不是普通的明白。

译文

没有古代没有今天，没有开始没有终结，天地未分时便生出天地，这是极深奥而广阔博大的道。用脚步行，被践踏的地方是很浅窄的，但是必须有未被践踏的地方，才可以让人继续行走；有智慧的人所知道的仍然有偏倚侧重，必须靠不断认识新事物，才可以豁然明白通透。

短绠不可以汲深[1]，器小不可以盛大，非其任也。

注释

1 绠（gěng）：汲水用的绳子。

译文

绳子太短不可以用于水深的井，器具细小不可以用来盛载大的物品，因为它们不能胜任。

水静则平，平则清，清则见物之形，弗能匿也[1]，故可以为正。川竭而谷虚，丘夷而渊塞，唇竭而齿寒。

注释

1 匿：隐藏而至消失。

译文

水流安静就会平稳，平稳后就会清澈，清澈便能反映出对象的形象，事物的形状不能够匿藏，故此可以调正使清晰。河川枯竭了，溪谷便空虚无水；山丘被夷平，深渊也会被填塞；嘴唇翻起来，牙齿就会感到寒冷。

赏析与点评

常言“心水清”，清静才可以看得透彻，心平气静才生智慧，可见安静的重要性。

跖越者[1]，或以舟，或以车，虽异路，所极一也。佳人不同体，美人不同面，而皆说于目；梨橘枣栗不同味，而皆调于口。

注释

1 跖：到达。越：南方的越国。

译文

要到达越国，有人坐船，有人坐车，虽然路线不同，但所到达的地方是一致的。佳人体态不同，美人面貌各异，但都能够令人喜欢。梨、橘、枣、栗等虽然有不同的味道，但是人们都喜欢吃。

赏析与点评

在多姿多彩的缤纷世界里，人们可以各展所长，即使各人的生命道路并不一样，但“所极一也”，都可以在人生留下精彩的片段。

人有盗而富者，富者未必盗；有廉而贫者，贫者未必廉。

译文

有人因为做盗贼而致富，富有的人未必都是盗贼；有人因为廉洁而贫穷，贫穷的人未必都廉洁。

海内其所出，故能大；轮复其所过，故能远。

译文

大海能容纳百川，所以海洋能够庞大；小小的车轮能不停地转动，故此能够走得很远。

以小见大，以近喻远。十顷之陂可以灌四十顷[1]，而一顷之陂不可以灌四顷[2]，大小之衰然[3]。明月之光可以远望，而不可以细书；甚雾之朝可以细书，而不可以远望寻常之外。

注释

1 陂：水库，湖泊。

2 可以：王念孙认为当作“不可以”。

3 衰（cuī）然：必然，由强转弱的必然情况。

译文

在小事上体会大事，用附近的情况能够知道远方的事情。十顷的水库可以灌溉四十顷的田地，而一顷的水库不足够灌溉四顷的田地，大小的比例未能证明是必然的。明月的光可以照明望远，但不可以靠月光写细字；浓雾的早上仍旧可以写细字，但是不可以望见远处平常的景象。

日月欲明而浮云盖之，兰芝欲修而秋风败之[1]。虎有子，不能搏攫者[2]，辄杀之[3]，为堕武也[4]。龟纽之玺[5]，贤者以为佩；土壤布在田，能者以为富。予拯溺者金玉，不若寻常之缠索[6]。视书，上有酒者，下必有肉；上有年者，下必有月。以类而取之。

注释

1 兰芝：两种香的花草，比喻为有德才品格的君子。

2 攫（jué）：用爪子抓，抓取。

3 辄（zhé）：马上，立刻。

4 堕：落后。

5 龟纽：龟形纽，纽指印上可提握的部分。龟象征吉祥之意。

6 缠：绳。

译文

太阳月亮都想放光明，但却被浮云遮盖着；好像兰花芝草的君子想修养身心，却被邪乱的秋风吹折败坏。老虎有儿子，如不能搏击攫食，大虎便会马上杀死它，这是为了消灭没有武力的后代。龟形纽把的玉玺，贤人用它做佩物；土壤分布在田里，有能力耕种的人以此变得富有。给予拯溺者黄金美玉，不如给他一条普通的绳索。看到书本内容，前面有“酒”字，后面必有“肉”字；前面有“年”字，后面必有“月”字。这都是以同类而推知的。

欲观九州岛之土，足无千里之行；心无政教之原，而欲为万民之上，则难。的的者获[1]，提提者射[2]，故大白若辱，大德若不足。未尝稼穑粟满仓，未尝桑蚕丝满囊[3]，得之不以道，用之必横[4]。

注释

1 的的（dì）：光明。指猎物在光明的地方被人看见，无法躲藏。

2 提提：飞鸟走兽安详地不活动。

3 囊：袋。

4 横：骄横放纵。

译文

想观察九州岛的领土和民风，却不用脚走遍千里的旅程；内心没有政治教化的原则，却想成为万民之上的统治者，这是非常困难的。暴露的猎物容易被人捕获，安逸的鸟兽很容易被人射击，最清白的人似受污辱，最高道德的人看似不足。没有耕种却粟粮满仓，没有种桑养蚕却丝绸满袋；不从正道而有所得益，使用时必会放恣挥霍。

赏析与点评

为何"大德若不足"？第一是因为谦虚，最高道德的人的道德不能量度，他们谦虚不自夸，因此好像"不足"；第二是低调，他们和光同尘，不想与众不同；第三是他们避免受到妒忌和攻击；第四是不能自我执着。"若"只是似而已，并不是真实的情况。

圣人处于阴[1]，众人处于阳；圣人行于水[2]，众人行于霜。异音者不可听以一律，异形者不可合于一体。农夫劳而君子养焉，愚者言而智者择焉[3]。舍茂林而集于枯，不弋鹄而弋乌，难与有图。寅丘无壑，泉原不溥，寻常之壑，灌千顷之泽。见之明白，处之如玉石；见之暗晦，必留其谋。

注释

1 阴：较隐蔽的地方。圣人不与众人争名利，因此安处在不明显的位置。

2 水：比喻柔和。圣人行于水的意思是不强行，不硬撞硬闯。

3 愚者言：愚蠢的人自以为是，不停发表很多意见，其中错误百出。

译文

圣人安顿在隐蔽的地方，众人显露在人人可见的地方；圣人行走于水上，众人行走危险的霜雪上。不同口音的人不能欣赏相同的音律，不同形态的事物不可以归类于相同的品种。农夫劳动，而君子受到供养，愚蠢的人不停发表意见，有智慧的人从中选择有用的话。舍弃茂密的树林而栖息在枯树下，不射鸿鹄大鸟而射乌鸦，这种人难以与他商议大事。深山没有沟壑，是因为山里没有泉水所致；平常的沟壑有不尽的水源，是可灌溉千顷大泽。看得见而明白的事物，好像玉石般透彻；看不清而暗晦的事物，必会留下很多疑问。

水虽平，必有波；衡虽正，必有差；尺寸虽齐，必有诡[1]。非规矩不能定方圆，非准绳不能正曲直。用规矩准绳者，亦有规矩准绳焉。舟覆乃见善游，马奔乃见良御[2]。嚼而无味者弗能内于喉，视而无形者不能思于心。

注释

1 诡：特殊的情况，违背正规标准的情形。

2 御：通“驭”，控制驾驭马匹的能力。

译文

水面虽然平静，必定仍然有波纹；衡量的工具虽然公正，必定仍然有误差；尺寸虽然量度齐整，必定仍然有欠缺的地方。没有规矩不能评定方圆的尺度，没有准绳不能评定弯曲和平直。采用规矩准绳的人，亦会有规矩准绳的法则。船翻了才能显出游泳的能力，马奔跑才能看到优良的骑师。咀嚼着没有味道的东西，难以下咽；看不到形象的事物，不能在心中留下记忆。

赏析与点评

所谓“非规矩不能定方圆”，法治的精神讲求客观，以法则作为事情的标准。可是“用规矩准绳者，亦有规矩准绳焉”，法律制度亦有其限制，因此不应忽略道德对人的自我制约，应平衡地应用感性与理性。

弓先调而后求劲，马先驯而后求良，人先信而后求能。

译文

弓弩先要调较，然后发挥劲力，马匹先要驯服，然后发挥优良的作用，人先要树立诚信，然后发挥做事的才能。

赏析与点评

“人先信而后求能”，信为道之根，当人的诚信破坏了，便会切断道德的根基，这人当然不是个好人才，就算有天才有才能，也没有人会信任他重用他。

卷十八　人间

本卷导读

本卷的内容主要是论祸福，文中认为："祸之来也，人自生之；福之来也，人自成之。"祸福的根源，都是自己本性、行为的回馈。人间的祸福，并不一定是最终的结果，祸福往往并行而至。取利舍害是人之常情，趋吉避凶是人性所向，如要避祸，不可贪图名利使欲望膨胀，应修养心身，宁静观远，注重自己的善德行为，多行义举，广结善缘，遇危难请朋友帮忙，这才是避祸的根本。

本卷运用了很多事实，说明利害祸福的关系。人间事物都是白驹过隙，不易看清看透，切勿过分恋栈，这种态度不是消极地逃避，反而是积极地面对，当人不受诱惑，没有贪念，便不会掠夺社会或他人的资源；人们应尽力以自己微薄的力量贡献社群，尽人性而抱道养和，这样才能自在地活于每一个角落。

清净恬愉，人之性也；仪表规矩[1]，事之制也。知人之性，其自养不勃[2]；知事之制，其举错不惑。发一端，散无竟，周八极，总一筦[3]，谓之心。见本而知末，观指而睹归，执一而应万，握要而治详，谓之术。居智所为[4]，行智所之，事智所秉[5]，动智所由，谓之道。道者，置之前而不轾[6]，错之后而不轩[7]，内之寻常而不塞，布之天下而不窕[8]。

注释

1 仪表规矩：规范事物的准绳标准。

2 勃：通“悖”，扰乱。

3 筦（guǎn）：通“管”，关键。

4 智：此处用作“知”道较为恰当。

5 秉：依据的标准。

6 轾（zhì）：马车后方较低的部分。

7 轩：马车前方较高的部分。

8 窕：空隙。

译文

清心净虑，恬息愉悦，是人的本性；仪表规矩，是事物的制度。知道人的本性，自身的修养就不会扰乱；知道事物的制度，人的举措便不会疑惑。从“一”开始发生，遍散无尽的八方，归回关键之处，称为心。见到本原便知道微末之处，观察到指向便看到归宿，执持“一”的道理就能应付万事，掌握到要领便能够治理繁杂的事物，称为术。闲居知道该做什么，行走时知道到哪儿去，做事时知道凭借依据，活动时知道因果来由，这称为道。所谓道，放在前面它不会低下，放在后面它不会过高，放在狭窄的地方不觉挤塞，广布于天下却没有空隙。

赏析与点评

人间不能无道，所有正确的行为都源自大道。人们如要幸福快乐，不能须臾离道。

是故使人高贤称誉己者，心之力也；使人卑下诽谤己者，心之罪也。夫言出于口者不可止于人；行发于迩者不可禁于远[1]。事者，难成而易败也；名者，难立而易废也。千里之堤，以蝼蚁之穴漏[2]；百寻之屋，以突隙之烟焚[3]。

注释

1 迩（ěr）：接近，这里指自己身上。

2 蝼蚁（lóu yǐ）：蝼蛄与蚂蚁。

3 突：烟囱，凸出于房舍的屋顶上。隙：缝隙，这里比喻轻微的错失。

译文

故此使他人推崇称赞自己，是内心的能力；使他人蔑视诽谤自己，是内心的罪过。言语从自己的口而出，他人不能阻止；行为发生在自己身上，远处的人难以阻止。事情难以成功，却很容易失败；名声很难树立，却很容易被毁灭。千里的长堤，因为蝼蚁的洞穴而漏水溃坍；百丈的高楼，因为烟囱的缝隙走火而被焚毁。

赏析与点评

“事者，难成而易败也”，许多事情都不易成功，这是正常的情况；名誉虽然难以建立，却容易被小错误所败坏。然而圣贤却迎难而上，做事坚持到底，最后事成，这就是“难行能行是真行”。

夫祸之来也，人自生之；福之来也，人自成之。祸与福同门[1]，利与害为邻，非神圣人，莫之能分。凡人之举事，莫不先以其知规虑揣度，而后敢以定谋。其或利或害，此愚智之所以异也。晓自然以为智，知存亡之枢机[2]，祸福之门户，举而用之，陷溺于难者，不可胜计也。使知所为是者，事必可行，则天下无不达之途矣。是故知虑者，祸福之门户也；动静者，利害之枢机也。百事之变化，国家之治乱，待而后成。是故不溺于难者成，是故不可不慎也。

注释

1 祸与福同门：灾祸和幸运同出一门。这是中国传统思想之一，好像远近、时间长短、阴阳等都是互相关联的。

2 枢机：事情的关键部分。

译文

灾祸的到来，是人自己制造产生的；幸福的到来，是人自己促成的。祸与福其实同出一门，利益与伤害是近邻，不是神仙圣人，很难把它们分辨开来。一般人做事，都是以自己所知的范围来思虑和揣度，然后才敢于决定谋略的步骤，结果是利或者是害，这就是愚蠢和智者的差异。起初自以为有智慧的人，以为知道了存亡的关键、祸福的由来，便以自己的想法来行事，最后陷入困难的人，多不胜数。如果知道所做的全是对的，事情必定可行，那么天下间便没有不通的路了。故此智谋思虑，是祸福的根由；行动和静待，是利害的关键。千百事情的变化，国家是治理好或是混乱，要等待人的行动才知道成果。所以不将自己陷于灾难的人能够成功，因此行动和思虑不可以不谨慎。

赏析与点评

人活动行事时，自然会引申出利害关系，现实社会陷阱处处，当既得利益者攻击你时，便会产生祸患。故此我们做事应小心谨慎，以平静的心境处理，则可避免灾祸。

天下有三危：少德而多宠，一危也；才下而位高，二危也；身无大功而受厚禄，三危也。故物或损之而益，或益之而损。

译文

天下有三种危机：缺少德行而过多荣宠，这是其一；才能低下而位处高职，这是其二；自己没有大功劳却接受优良待遇，这是其三。故此事物的运作有时减损反而令事情增益，或者增益时反而会受到损害。

赏析与点评

没有道德的人，一旦不再受尊宠，别人便会攻击其弱点；没有才能而位处高位的人，以及没有功劳而受到良好待遇的人，最终会陷入危难之中。

夫战胜攻取，地广而名尊，此天下所愿也，然而终于身死国亡，此所谓益之而损者也。

译文

对于战争胜利，攻占土地取得财物，增加土地，使名声受到尊敬，这是天下所有人的愿望；然而（晋厉公却因贪图这些利益）最终死去，且国家灭亡，这就是所谓想增加利益，反招损害的情况。

赏析与点评

很多人为了得到利益，没想到是否会伤害别人，还不停止继续损害他人，最终他付出的代价必然更大。

周室衰，礼义废，孔子以三代之道教导于世。其后继嗣至今不绝者，有隐行也。秦王赵政兼吞天下而亡[1]，智伯侵地而灭，商鞅支解[2]，李斯车裂[3]。三代种德而王，齐桓继绝而霸。故树黍者不获稷，树怨者无报德。

注释

1 赵政：即秦始皇嬴政。

2 商鞅支解：商鞅替秦孝公推行新政，采用严刑苛法，以法家方式治国，最后自己也被苛法所牵连，受肢解而死。支，肢解，一种分解肢体的酷刑。

3 李斯车裂：李斯成为秦国首相，继续严苛的法治，但最后被赵高定罪，用车裂之刑处死，一说腰斩而死。

译文

周朝王室衰弱，礼义废弛，孔子用三代的道理德行教导大众。他的后代至今不绝，这是因为孔子有隐行的功德。秦始皇嬴政兼并侵吞全天下，最终覆亡；智伯侵略三家土地而终被消灭；商鞅设立了严苛刑责，最后自己被肢解而死；李斯陷害忠良，最终被车裂而死。夏、商、周三代圣王都是树立德行而成帝王，齐桓公协助那些国家宗族承继绝后，因而成为霸主。故种植黍米不会收获稷，树立怨恨的人，没有人用恩德回报他。

赏析与点评

善有善报，是中国人很早便知道的生命道理。而“种瓜得瓜，种豆得豆”这因果循环其实也是科学的方程式，就好像“树黍者不获稷，树怨者无报德”的道理。

由此观之，义者，人之大本也，虽有战胜存亡之功，不如行义之隆。故君子曰：『美言可以市尊，美行可以加人。』

译文

从这里看来，“义”是人类最大的根本，即使有战胜敌人、保存国家的功劳，也比不上实行“义”那么重要。故此君子说：“美好的言语可以受到大众的尊敬，美好的行为可以使人身价倍增。”

故仁者不以欲伤生，知者不以利害义。圣人之思修，愚人之思叕[1]。忠臣者务崇君之德，谄臣者务广君之地[2]。

注释

1 叕（zhuó）：短浅。

2 广君：替君王扩大国土，侵占邻国。表面上是好事，实际上是杀害他人，侵掠别国财物，小人从中取利。

译文

故仁慈的人不会因欲望而伤害生命，有智慧的人不会因利益而损害公义。圣人思虑长远，愚笨的人思虑短浅。忠贞的下属尽力替君主维护崇高的道德，奸邪的下属千方百计替君主扩充更多土地。

非其事者勿仞也[1]，非其名者勿就也[2]，无故有显名者勿处也，无功而富贵者勿居也。夫就人之名者废，仞人之事者败，无功而大利者后将为害。

注释

1 仞（rèn）：认允，承受。

2 就：接受。这里有占小便宜的意思。

译文

不是自己所做的事就不要认允承担，不是自己该得的名声就切勿接受。无缘无故而获得显赫名声的人，切勿与他共处；没有功劳而享受富贵，切勿将这种富贵据为己有。要求得到不应该的名誉，这种虚名很快便会消失；承担他人所做的事，最终都会败露；没有功劳而得到很大的利益，最后将会受到伤害。

何谓毁人而反利之？唐子短陈骈子于齐威王[1]，威王欲杀之，陈骈子与其属出亡奔薛。孟尝君闻之[2]，使人以车迎之，至，而养以刍豢黍粱五味之膳[3]，日三至。冬日被裘罽[4]，夏日服絺纻[5]，出则乘牢车，驾良马。孟尝君问之曰：『夫子生于齐，长于齐，夫子亦何思于齐？』对曰：『臣思夫唐子者。』孟尝君曰：『唐子者，非短子者耶？』曰：『是也。』孟尝君曰：『子何为思之？』对曰：『臣之处于齐也，粝粢之饭[6]，藜藿之羹[7]，冬日则寒冻，夏日则暑伤。自唐子之短臣也，以身归君，食刍豢，饭黍粱，服轻暖，乘牢良，臣故思之。』此谓毁人而反利之者也。是故毁誉之言，不可不审也。

注释

1 唐子：齐国的大臣。短：做动词用，诋毁别人，说别人的短处坏话。陈骈子：即田骈，战国时学者，着有《田子》二十五篇。

2 孟尝君：战国时齐国大臣，姓田名文，招揽食客数千人。

3 刍豢：肉类食物。黍粱：较一般美好的粮食。

4 罽（jì）：较好的毛毡。

5 絺（chī）：精细的葛布。纻（zhù）：苎麻织成的上好布料。

6 粝粢（lì zī）：粗米和粟米，泛指粗糙的饭食。

7 藜藿（lí huò）：藜草和豆叶，泛指粗劣的食物。

译文

为什么诋毁别人反而有利于别人呢？唐子向齐威王说陈骈子的坏话，齐威王想杀陈骈。陈骈便和家属出走，到了薛地。孟尝君听到消息，派人用车迎接他们。陈骈到达后，孟尝君以肉食佳肴奉养他，每天有丰富佳肴三餐。冬天给他穿皮、毛衣，夏天给他穿精细的葛麻衣服。出入让他乘坐坚固的车辆，骑良马。孟尝君问陈骈子：“先生在齐国出生，在齐国长大，先生有没有思念齐国呢？”他回答说：

“下臣思念唐子。”孟尝君说：“唐子这个人，不是讲你坏话的人吗？”他说：“是啊。”孟尝君说：“你为什么会思念他呢？”他对答说：“下臣在齐国住的时候，都是食粗糙的米饭，喝野菜汤，冬天抵受寒冷，夏天则暑热生病。自从唐子说我的坏话，令我投身归附您门下，吃的是肉食、细粮，穿的是轻暖衣裳，乘坐的是坚固的车和良马，下臣因而思念他。”这便是诋毁别人，反而对他有利了。所以诋毁别人名誉的话，不可以不小心审视。

赏析与点评

道家思想向来对毁誉不介怀，就像《道德经·第十三章》所说：“宠辱若惊，贵大患若身。”如果人太着意自己的名声，听到传言便觉得不甘心，这样散播谣言的人便会因看见你发怒而感到非常兴奋了。

故圣人虽有其志，不遇其世，仅足以容身，何功名之可致也！知天之所为，知人之所行，则有以任于世矣[1]。知天而不知人，则无以与俗交；知人而不知天，则无以与道游。

注释

1 任：运行。

译文

故此圣人虽然有崇高伟大的志向，但如果生不逢时，他只能够设法保全身心，哪说得上成就功名！知道天地运作的道理，知道人的行为，就有方法运用自己的才能行于世上。只知道天而不了解人，便不能与世人交往；只知道人而不了解天的道理，便无法与天道同游了。

赏析与点评

所谓“不遇其世，仅足以容身”，有志向及才华的人都要配合时机，才有机会获得功名利禄。

得道之士，外化而内不化。外化，所以入人也，内不化，所以全其身也。故内有一定之操，而外能诎伸、赢缩、卷舒[1]，与物推移，故万举而不陷。所以贵圣人者，以其能龙变也。今卷卷然守一节[2]，推一行，虽以毁碎灭沉[3]，犹且弗易者，此察于小好，而塞于大道也。

注释

1 诎（qū）：屈曲。

2 卷卷（quán）然：用力的模样，好像在收敛。

3 以：已经。

译文

得道的人，外表可以变化而内心不变化。外表变化，为的是进入人间，内心不变是为了保存身心。故人内心有固定不变的操守，而在外能屈能伸、能长能缩、能开能合，与事物共同推演移动，那么任何举动都不会失足。人们所以珍重圣人，是因为圣人能够像龙那样变化。现今的人好像努力于细枝末节之处，推行小善，虽然自身已经毁灭消失，但仍然不改变，他们只看到细小的好处，而对大道一窍不通。

何谓不然而若然者？昔越王勾践卑下吴王夫差[1]，请身为臣，妻为妾，奉四时之祭祀，而入春秋之贡职[2]，委社稷，效民力，隐居为蔽，而战为锋行。礼甚卑，辞其服，其离叛之心远矣。然而甲卒三千人以擒夫差于姑胥[3]。

注释

1 卑下：卑躬屈膝。

2 贡职：贡物。一说是包括献贡的低下职责。

3 姑胥：姑苏山，在现今的苏州虎丘。

译文

什么是好像不是真的却又是真的呢？从前越王勾践向吴王夫差卑躬屈膝，请求让他自己成为夫差的下臣，自己的妻子成为夫差的妾侍，又恭奉四季的祭祀用品，承担春秋两季的贡物和职责，把国家权力交出，让人民为吴国效力；自己则隐蔽地居住，若有战事则做吴军的先锋。他对吴王礼仪最为谦恭卑下，言辞温和驯服，看不出他有叛乱离异的心。然而，勾践最终带领三千甲胄精兵，在姑苏山擒拿了夫差，消灭吴国。

赏析与点评

“越王勾践卑下吴王夫差，请身为臣”，表面上越王不可能再反叛，但是“不然而若然”，不可能却变成事实，人世间千变万化，其实通过细心行事，顺着环境和人物的协调，随时可将梦想化成事实。把道理并合，取用有利条件，待时机成熟，大志可成为宏图伟业。

夫事之所以难知者，以其窜端匿迹[1]。立私于公，倚邪于正，而以胜惑人之心者也[2]。若使人之所怀于内者，与所见于外者，若合符节，则天下无亡国败家矣。夫狐之捕雉也，必先卑体弥耳[3]，以待其来也。雉见而信之，故可得而擒也。使狐瞋目植睹[4]，见必杀之势，雉亦知惊惮远飞，以避其怒矣。夫人伪之相欺也，非直禽兽之诈计也，物类相似若然，而不可从外论者，众而难识矣。是故不可不察也。

注释

1 窜（cuàn）：四处奔逃隐藏。

2 胜：可能是“务”或“瞀”，混乱，愚昧无知。

3 弥：收缩。

4 睹：或作“耆”，通解为“鬐”，狐狸发怒时，背上的毛直竖起来。

译文

事情之所以很难知道清楚，是因为事物的过程和要点被藏匿着。有人假公济私，将邪恶混在正义当中，用假装而混乱的外表迷惑人心。如果人的内心所想的与外表所行的，像符节般可互相并合，那么天下便没有国亡家破的情况了。狐狸捕捉野雉，必定先收缩身体，收起耳朵，等待猎物走近。野雉见到纯良的狐狸便相信它，因而被它擒获。假如狐狸瞪眼怒目，背毛直竖，露出杀敌的强势，野雉便会及早知道，惊慌地飞到远处，以避开发怒的狐狸。人的虚伪互相欺骗，不只像禽兽那样直率地狡诈，事物之间有类似的地方，但不可只从外表判别，这种情况太多难以识别的地方。因此不可以不细心考察。

赏析与点评

“夫事之所以难知者，以其窜端匿迹”，许多事情的真相和细节都难以知晓，因为有人刻意隐瞒欺骗大众，有人为利益而遮盖历史，林林总总不同的原因，交织成这个人间世界。因此人们必须仔细考察辨识，“不可从外论者，众而难识矣”。

卷十九　修务

本卷导读

修，高诱注为“勉”，而“务”则注为“趋”，有趋向的意思。本卷指圣人对外有博施济众的趋向，对内则自我修养。本卷认为圣人君子的“无为”不是“寂然无声，漠然不动，引之不来，推之不往”的，他们的自我修养达到较高的水平，因此有机缘任高职，并且“必用仁义之道以济万民”。他们为国为民，布施德政，具有“私志不得入公道，嗜欲不得枉正术”的高尚水平。即使不为在上位者所用，他们仍然可以运用智慧时机，济民利世，勉励后学，留下经验和智慧。圣人又会自勉继续锻炼，无论在任何环境，他们都会务本，不会动摇行道的意志。作者从这种思想出发，指出了修养自身和终身学习的重要性。由此可见，自古至今都不可放弃学习与修养自身。

或曰：『无为者，寂然无声，漠然不动，引之不来，推之不往。如此者，乃得道之像。』吾以为不然。尝试问之矣：『若夫神农、尧、舜、禹、汤，可谓圣人乎？』有论者必不能废。以五圣观之，则莫得无为，明矣。古者，民茹草饮水[1]，采树木之实，食蠃蛖之肉[2]。时多疾病毒伤之害。于是神农乃始教民播种五谷，相土地宜，燥湿肥硗高下[3]，尝百草之滋味，水泉之甘苦，令民知所辟就。当此之时，一日而遇七十毒。尧立孝慈仁爱，使民如子弟。西教沃民[4]，东至黑齿[5]，北抚幽都[6]，南道交趾[7]。放讙兜于崇山[8]，窜三苗于三危[9]，流共工于幽州，殛鲧于羽山[10]。舜作室，筑墙茨屋[11]，辟地树谷，令民皆知去岩穴，各有家室。南征三苗，道死苍梧。禹沐浴霪雨，栉扶风，决江疏河，凿龙门[12]，辟伊阙[13]，修彭蠡之防[14]，乘四载，随山栞木[15]，平治水土，定千八百国[16]。汤夙兴夜寐，以致聪明，轻赋薄敛，以宽民氓，布德施惠，以振困穷；吊死问疾，以养孤孀。百姓亲附，政令流行，乃整兵鸣条，困夏南巢，谯以其过，放之历山。

注释

1 茹：食。

2 蠃蛖（luó bàng）：螺蚌贝壳类。蠃，同“螺”。蛖，同“蚌”。

3 硗（qiāo）：瘠贫而坚硬的土地。

4 沃民：传说中在西方的一个国家。

5 黑齿：传说中在东方的一个国家，当地人的牙齿都是黑色的。

6 抚：占据，拥有。幽都：雁门以北一带。

7 交趾：广东、广西、海南岛和越南一带。

8 讙兜：尧帝时期的奸臣，或作“欢兜”。崇山：高山，另解为南方极地的山区。

9 三苗：部族名称，为现时苗族的祖先。原始根据地是荆州及江淮附近，后来因为叛乱，迁徙往三危。三危：山名，在陕西省一带。

10 殛（jí）：惩罚。羽山：东面极远的山区。

11 茨（cí）：用茅草或苇草铺盖屋顶。

12 龙门：龙门山，在现今山西省河津西北，横跨至陕西省韩城东北部，相传大禹凿开大山，令黄河水流疏通。

13 伊阙：地名，在今河南省洛阳市西南附近。

14 彭蠡（lǐ）：亦称彭泽，即江西省鄱阳湖。

15 栞（kān）：同“刊”，削除，本指行山时在树干上削木留下路标记号，这里指开辟道路。

16 国：古代原始部落，不等于现代的国家观念。

译文

有人说：“无为，是寂静无声的状态，静静地不动，拉它也不来，推它也不向前走。像这情况，便是明悟了道的原理。”我认为不是这样。试问：“好像神农、尧、舜、禹、汤，可称为圣人吗？”明白道理的人都不能否认他们是圣人。观察这五位圣人，他们都不是没有做事的‘无为’，这是十分明显的。远古的时代，民众吃野草，喝河溪的水，采摘树木的果实充饥，生食水产贝壳类的肉，当时受到很多疾病和中毒食物的伤害。于是神农氏开始教导人民播种五谷，研究土地的干燥潮湿、肥沃贫瘠、高低上下、坚硬疏松等因素而决定种植什么农作物，品尝各种植物的味道、河水和井泉的甘苦口味，使人民懂得避开有毒害的物品。就在这个时期，神农氏一日中毒七十次。尧帝树立孝慈仁爱的典范，对待人民好像子女兄弟般。他亲自到西面的国家教育民众，往东面的国家黑齿，往北方的领土幽都雁门一带，往南方的交趾。他把奸臣欢兜流放到崇山，把三苗族群迁徙到西边的三危，将共工流放到幽州，把鲧贬到羽山，直至死去。舜帝兴建房屋，建筑城墙，用茅草芦苇覆盖屋顶，开辟土地，种植谷物和树木，使人民不再穴居野外，各自有家室。他往南方征伐三苗，在往苍梧的道路上死了。大禹冒着不停的大雨，抵挡着狂风，疏导江河，凿通龙门，开辟伊阙，修筑彭蠡湖的防堤，他乘坐四种交通工具，研究和跟踪山川、树林、平原等的形势，砍削树木做记号，治理好水土的问题，安定了一千八百多个部落。商汤早起晚睡辛勤地工作，用尽自己的聪明智慧思虑国事；减轻赋税，令人民过得宽裕；布施恩德，赈济穷困的人，凭吊死者，问候病人，供养孤儿寡妇。因此老百姓都亲和依附他，政令顺畅执行，于是汤王整顿兵马，进攻鸣条，将夏桀围困在南巢，公开谴责他的罪过，然后把他放逐到历山。

赏析与点评

道是活泼行动的，即使是“无为”，也不是“寂然无声，漠然不动，引之不来，推之不往”，“无为”只是不胡乱行动而已。圣人无为治天下，会导民向善，并且教民生养。

此五圣者，天下之盛主，劳形尽虑，为民兴利除害而不懈。奉一爵酒不知于色[1]，挈一石之尊则白汗交流[2]，又况赢天下之忧[3]，而海内事者乎？其重于尊亦远也！且夫圣人者，不耻身之贱，而愧道之不行，不忧命之短，而忧百姓之穷。是故禹之为水，以身解于阳盱之河[4]。汤旱，以身祷于桑山之林。圣人忧民，如此其明也，而称以『无为』，岂不悖哉！

注释

1 爵：古代的酒杯，形状如雀鸟。

2 挈（qiè）：举起物件，提高。尊："樽"的古字，古代较大的酒器，酒桶。

3 赢：承担。

4 阳盱（xū）之河：原注说："盖在秦地。"

译文

这五位圣王，都是为天下创造盛世的君主，他们劳动自己的形躯，用尽思虑，为人民兴利除害，从不松懈。一般人捧起酒杯，脸上不会流露出吃力的面色，举起一石重的酒樽，便会大汗交流，又何况承担着天下间的忧虑，负责四海之内的事务呢？这担子当然比酒樽重得多！而且作为圣人，不以自身低贱为羞耻，只会为了大道不能实行而惭愧，不会忧虑自己生命短促，只会担忧老百姓穷苦。故此夏禹治水，用自己的身体做抵押，在阳盱河边向上天祷求消除水祸。商汤苦于大旱，他以自己的身子在桑山之林恳求上天降雨救旱。圣人忧虑人民，是如此明显，如果说他们"无为"不做事，岂不荒谬吗？

赏析与点评

大道一体，圣人既已得道，即与苍生一体，故此他们忧国忧民。

且古之立帝王者，非以奉养其欲也；圣人践位者[1]，非以逸乐其身也。为天下强掩弱，众暴寡，诈欺愚，勇侵怯，怀知而不以相教，积财而不以相分，故立天子以齐一之。为一人聪明而不足以遍照海内，故立三公九卿以辅翼之。绝国殊俗、僻远幽闲之处[2]，不能被德承泽，故立诸侯以教诲之。是以地无不任，时无不应，官无隐事，国无遗利。所以衣寒食饥，养老弱而息劳倦也。

注释

1 践：继承而即位。

2 绝：极远的边缘地区。

译文

古代所设立的帝王，不是为了侍奉供养他们满足你们的欲求；圣人能够登上君位，不是为了自身的闲逸玩乐。因为天下强者欺压弱者，人多势众残害少数的人，诡诈的欺骗愚笨的，勇猛的侵凌怯懦的，有智慧的却不教授别人，积聚财富却不分配给别人，故此拥立天子来使这些情况变得均衡平等。因为天子一个人的聪明智慧不足以普遍地照顾到国内每一处，所以设立三公、九卿来辅助天子。边缘地带、偏僻少人的地方，不能受到天子的恩泽，故此设立诸侯来教诲当地的人民。因此没有地方得不到任命的官员，任何时间都可以响应德政，官员没有隐瞒事件，国家没有损失利益。所以国家在寒冷时给予百姓衣服，饥饿时给予百姓食物，奉养年老和弱势社群，使他们得以休息，免除劳苦疲倦。

是以圣人不高山，不广河，蒙耻辱以干世主，非以贪禄慕位[1]，欲事起天下利而除万民之害。盖闻传书曰：『神农憔悴，尧瘦臞，舜霉黑[2]，禹胼胝[3]。』由此观之，则圣人之忧劳百姓甚矣！故自天子以下，至于庶人，四胑不动[4]，思虑不用，事治求澹者，未之闻也。

注释

1 慕：思念，贪图。

2 霉（méi）：面部黝黑的颜色。

3 胼胝（pián zhī）：手掌或脚底因长期摩擦而长出的硬皮，即“老茧”。

4 胑（zhī）：通“肢”。

译文

所以圣人不怕高山，不畏广阔的河川，甘愿蒙受耻辱来求当世君王任用，圣人并非贪慕功名禄位，他们只想为天下做有利的事情，并且为万民除害。曾经听传书上说：“神农氏脸色憔悴，尧帝瘦弱，舜帝肤色暗黑，夏禹手脚都生厚茧。”由此看来，便可知道圣人忧心老百姓得很厉害了！故此由天子到平民，想不动四肢，不费神思考，做事只求拉扯，从来没有听闻过。

禾稼春生，人必加功焉，故五谷得遂长。听其自流，待其自生，则鲧、禹之功不立，而后稷之智不用。若吾所谓『无为』者，私志不得入公道，嗜欲不得枉正术，循理而举事，因资而立，权自然之势，而曲故不得容者，事成而身弗伐，功立而名弗有。

译文

禾苗庄稼能在春天生长，人们必定有耕作之功，故此五谷才得以长大成熟。如果任由江河泛滥，等待植物自生自灭，那么鲧、大禹治水之功就没有建立了，而后稷的智慧就无法发挥了。好像我所说的“无为”，是指个人自私的想法不能掺杂到普遍的真理上，嗜欲不能扰乱正常的规矩，人们要循着道理做事，因应资质而建功立业，权衡自然变化的势态，错误歪曲的情况不可存在，事业成功后自己不会夸耀，功劳建立了，不会把名声据为己有。

圣人之从事也，殊体而合于理，其所由异路而同归，其存危定倾若一，志不忘于欲利人也。

译文

圣人做事，会用不同的方法，但始终符合道理，他们走的路不同，但都会走到同样的终点，无论是存在或危殆，安定或倾倒，圣人的做事态度都一如既往，心中不会忘记要利济人民。

文侯曰：『段干木不趍势利[1]，怀君子之道，隐处穷巷，声施千里，寡人敢勿轼乎！段干木光于德[2]，寡人光于势；段干木富于义，寡人富于财。势不若德尊，财不若义高。干木虽以己易寡人不为，吾日悠悠惭于影[3]，子何以轻之哉！』其后秦将起兵伐魏，司马庾谏曰[4]：『段干木贤者，其君礼之，天下莫不知，诸侯莫不闻。举兵伐之，无乃妨于义乎！』于是秦乃偃兵，辍不攻魏。

注释

1 段干木：姓段干，名木，战国时期人物，是子夏的学生，居住在魏国，隐居不做官。趍（qū）：同“趋”，奔向。

2 光：显耀，良好的名誉。

3 惭（cán）：同“惭”。

4 司马庾（yǔ）：秦国的大夫，名庾。司马是国防部的军职名称。

译文

魏文侯说：“段干木不追求名利，心怀君子的道德，隐居在穷巷，但他的名声传播千里，我实在不敢不对他行伏轼之礼！段干木因为德行而得到荣耀，我因为君王的名位而得到荣耀；段干木富有正义，我富有钱财。势位权力比不上道德那么尊贵，钱财不及道义那么高尚。让段干木以道德交换我所拥有的权力钱财，他不会这样做的。我每天望着自己的影子感到惭愧，你为什么这样轻视我啊！”往后秦国准备派兵攻打魏国，司马庾劝谏说：“段干木是一位贤人，魏国的君主以礼待他，天下没有人不知道，诸侯也无一不知，现在用兵攻打他们，恐怕会妨害礼义！”于是秦国便收兵，停止进攻魏国。

赏析与点评

本节指出“势不若德尊，财不若义高”，认为权势财富只是一时之间的优势，道德仁义才可以永垂不朽。古人认为被别人批评为不义，是头等的耻辱，因此不会轻率做坏事。

夫行与止也，其势相反，而皆可以存国，此所谓异路而同归者也。

译文

走动和停止，两者的形态相反，但都可以保存国家，这便称为异路同归了。

今夫救火者，汲水而趍之，或以瓮瓴[1]，或以盆盂，其方员锐椭不同，盛水各异，其于灭火，钧也[2]。故秦、楚、燕、魏之歌也，异转而皆乐[3]；九夷八狄之哭也，殊声而皆悲；一也。夫歌者，乐之征也；哭者，悲之效也。愤于中则应于外，故在所以感。夫圣人之心，日夜不忘于欲利人，其泽之所及者，效亦大矣。

注释

1 瓴（líng）：古代盛水的瓶子。

2 钧：通“均”，均一，同样。

3 转：又作“声”。

译文

现今救火的人，打水赶往火场，或用瓮瓴，或用盆盂，器皿的形状有方有圆，有尖有椭，各有不同，盛水的多寡也有不同，但为了灭火这目的却是一致的。故此秦、楚、燕、魏等地的歌曲，虽都有不同的音调韵律，但都令人快乐；九夷八狄各族人的哭声，有不同的语音，但同样表达了悲哀之情；其中是有一致的关联。歌曲，是快乐的象征表现；哭泣，是悲哀的反应。心中悲愤便会反映到外在，故此有所感通。圣人的心中日夜都不忘记利济众人，他们的恩泽能施予他人，其效用非常巨大。

且夫身正性善，发愤而成仁，帽凭而为义[1]，性命可说，不待学问而合于道者，尧、舜、文王也；沉湎耽荒，不可教以道，不可喻以德，严父弗能正，贤师不能化者，丹朱、商均也[2]。

注释

1 帽凭：慷慨。

2 丹朱：尧的儿子，荒淫而且傲慢。商均：舜的儿子，庸碌不能成才。

译文

而且人天生正直善良，发愤要成全仁德，慷慨成就大义，天性人格令人喜欢，无须学习便可以合乎道德，尧、舜、文王就是这样了。沉湎于酒色，放纵于逸乐，不能以道来教导，不可以德来劝谕，严厉的父亲不能纠正他，贤良的老师也不能化育他，就是丹朱、商均这类人。

赏析与点评

不同的人有不同性格，有些人会自行发愤图强，有些人甘愿受教，也有些人不愿接受教育。无论如何，老师的责任，就是不忽略任何一个，不论是聪明的学生，还是顽劣的学生，都用心教导。

昔者，苍颉作书[1]，容成造历[2]，胡曹为衣[3]，后稷耕稼，仪狄作酒[4]，奚仲为车[5]。此六人者，皆有神明之道，圣智之辪，故人作一事而遗后世，非能一人而独兼有之。各悉其知[6]，贵其所欲达，遂为天下备。今使六子者易事，而明弗能见者何？万物至众，而知不足以奄之[7]。周室以后，无六子之贤，而皆修其业；当世之人，无一人之才，而知其六贤之道者何？教顺施续，而知能流通。由此观之，学不可已，明矣！

注释

1 苍颉：相传是黄帝史官，发明了汉字。书：书写的文字。

2 容成：原注作："黄帝臣。造作历，知日月星辰之行度。"

3 胡曹：黄帝时臣，造衣裳。

4 仪狄：禹时臣，发明酿酒术。

5 奚仲：夏朝的车正。

6 悉：尽力，释出。

7 奄：掩盖，覆盖。

译文

从前，仓颉发明文字，容成编订历法，胡曹制作衣裳，后稷耕种庄稼，仪狄酿制美酒，奚仲设计车辆。这六位贤人，都有神妙的道德，圣明聪慧的事迹，故此做一件好事就能够传留到后世，并非一个人独自拥有。各人尽力发挥自己的才智，非常珍惜自己想达到的目标，故此他们的发明能够被天下人所使用。现在要六位古人换了彼此的事业去做，他们还能显出聪明来吗？因为万物实在太多了，一个人的智慧不能够包揽一切。周朝之后，没有像这六位古人般的贤人，但是众人都从事他们的行业；现在的世代，没有一人具备这六位古人的才干，但是人们都懂得六位古人的技艺，为什么？教育顺着世代接续相传下去，使这六位古人的技艺智慧可以流传开来。由此看来，学习是不可停止的，这是很明显的！

君子有能精摇摩监[1]，砥砺其才，自试神明[2]，览物之博，通物之壅，观始卒之端，见无外之境，以逍遥仿佯于尘埃之外，超然独立，卓然离世，此圣人之所以游心。若此而不能，闲居静思，鼓琴读书，追观上古，及贤大夫，学问讲辩，日以自娱，苏援世事[3]，分白黑利害，筹策得失，以观祸福，设仪立度，可以为法则，穷道本末，究事之情，立是废非，明示后人，死有遗业，生有荣名。如此者，人才之所能逮。

注释

1 精摇：精进，精心进取。摩监：反复磨炼。

2 试：或作“诚”。

3 苏援：探索，探讨。

译文

君子能够精心进取地反复磨炼心神意志，对自己的才能精益求精，使自己保持至诚的精神灵明，这样便能博览所有事物，解释事物的疑难，观测事物的始末，看到遥远的外面环境，逍遥自在地遨游于尘世之外，超然独立，轻松地离开现实世界，这便是圣人游心的境界。一般人如果不能达到这个境界，可以自己闲居，静静地思索，弹琴和读书，追慕古代的先王圣人；与贤人为伴，学习和辩论，每天在书中寻找乐趣，探讨一下世事，分清楚黑白与利害，筹谋得失，用以观察祸福的因由，设立礼仪制度，作为行事的法则，彻底探求大道的本末，查究事物的情况，确立“对”的事情，废弃错误的，清楚告知后人，死后留下功业，生前有荣誉名望。这样的修养目标，是一般人可以达到的。

赏析与点评

虽然不是人人能成为圣人，但是古人仍会闭关读书，修养身心，酝酿三至五年，然后周游全国，饱览山川、古今名胜，体察人情，以续圣贤的气度大志。这样有助于培养独立思考的能力，并且可真正地体会世情，是培育人才的有效方法。

然而莫能至焉者，偷慢懈惰，多不暇日之故。夫瘠地之民多有心力者，劳也；沃地之民多不才者，饶也[1]。由此观之，知人无务，不若愚而好学。自人君公卿至于庶人，不自强而功成者，天下未之有也。

注释

1 饶：有丰盛而富足的粮食。

译文

但是这种要求也不能达到的人，是因为他们苟且躲懒，松懈怠惰，浪费光阴的缘故。贫瘠地方的人民多数用心且卖力，因为他们要勤劳地工作；肥沃地方的人民多数没有才能，因为他们的生活丰盛饶富。由此看来，聪明人不学习，不如愚拙的人好学。从君主、公卿到百姓，不自强不息而能够成功的人，天下之间没有这样的事。

圣人知时之难得，务可趣也，苦身劳形，焦心怖肝，不避烦难，不违危殆。盖闻子发之战[1]，进如激矢，合如雷电，解如风雨，员之中规，方之中矩，破敌陷陈，莫能壅御，泽战必克，攻城必下。彼非轻身而乐死，务在于前，遗利于后，故名立而不堕。此身强而成功者也。是故田者不强，囷仓不盈；官御不厉[2]，心意不精；将相不强，功烈不成；侯王懈惰，后世无名。

注释

1 子发：楚威王的将军。

2 官御：官府的驭手。

译文

圣人知道时机难得，事业是可以追求的，所以他们不怕身形苦劳，心中焦急忧虑，不逃避烦恼困难，不闪躲危险。听闻子发将军作战时，前进好像一支离弦之箭，聚合如雷电，散开好像暴风雨般威猛，圆阵中规，方阵合矩，击破敌军的阵形，使人不能抵御，水战必胜，攻城必陷。他不是不爱惜身体而乐于求死，他只希望在生前建功立业，遗留功业给后人，故此名誉树立了且不会废弃。这就是自强不息而成功的例子。所以种田的人不强大，圆形的粮仓不满盈；官员的管理不严厉，心意不能集中；将相如果不自强不息，功业就不能成就；侯王如果懈怠懒惰，他便不能在后世留下名声。

夫事有易成者名小，难成者功大。君子修美，虽未有利，福将在后至。故《诗》云：『日就月将，学有缉熙于光明1。』此之谓也。

注释

1 “日就月将”两句：语出《诗经·周颂·敬之》。缉熙：渐渐积聚而变成广大。

译文

有些事情容易成功但所得的名气很小，有些事情很难完成但功绩却很大。君子修养自己的真善美，虽然未必能马上得利，但幸福将会在稍后到来。故《诗经》说：“日积月累，学习在渐渐积累中会进入光明的境界。”就是这个道理。

卷二十　泰族

本卷导读

“泰”有原始的意义，有泰一大道之意，亦有水流舒泰的自然意境，也有泰然自若的道体逍遥含意；族是聚合、聚集的意思。上一卷《修务》言有功，惠泽苍生，行不言的大道，学道有成。本卷则回顾泰古真人的妙道，“气”生化万物，万物互相感应，君王以真诚的心去感化人民。篇中又提到弃巧智而育新民，天人合道的时机，故本卷是天人相通的总结。此外，本卷的内容道儒相融，结合了仁德与法制，不过作者认为法只是治国的方法，仁义才是治国的根本，反映出《淮南鸿烈》的政治思想。

天设日月，列星辰，调阴阳，张四时，日以暴之[1]，夜以息之，风以干之，雨露以濡之[2]。其生物也，莫见其所养而物长；其杀物也，莫见其所丧而物亡。此之谓神明。圣人象之，故其起福也，不见其所由而福起；其除祸也，不见其所以而祸除。远之则迩，延之则疏[3]；稽之弗得，察之不虚。

注释

1 暴：曝晒。

2 濡（rú）：滋养润泽。

3 延：近。

译文

天地设置日月，罗列星辰，调节着阴阳，张合着四季，日间太阳照耀大地，晚上让物类休息，风吹干万物，雨露滋润大地。天地生成万物，看不见它在养育，但物类却在长大；天地毁灭万物，看不见它在摧毁，但物类却在灭亡。这称为神明。圣人模仿大自然，故此他为百姓谋幸福，看不见他做了什么，而幸福便出现了；他消除祸患，看不见他做了什么，而祸患就消除了。远离大道反而靠近你，拉近大道又会疏远你；稽查它却找不到它，细察它却又发现它不是空虚的。

赏析与点评

只要细察身边的事物，就会发现大道系统化的程序变迁，如“调阴阳，张四时，日以暴之，夜以息之”，万物都在适当的时机自然变化。

是以天心呿唫者也[1]，故一动其本而百枝皆应，若春雨之灌万物也，浑然而流，沛然而施，无地而不澍[2]，无物而不生。故圣人者怀天心，声然能动化天下者也。故精诚感于内，形气动于天，则景星见[3]，黄龙下，祥凤至，醴泉出[4]，嘉谷生，河不满溢，海不溶波。故《诗》云：『怀柔百神，及河峤岳[5]。』

注释

1 呿唫（qū jìn）：开合关闭，这里指顺着天意而引起天下感应。呿，开口。唫，闭口。

2 澍（shù）：以水润泽滋养。

3 景星：祥瑞的星。

4 醴（lǐ）泉：甘凉美味的泉水。

5 “怀柔百神”两句：语出《诗经·周颂·时迈》，这首诗是歌颂周武王克商而得到诸侯拥戴。峤（qiáo）岳：高山，或指泰山。

译文

这是顺从天意而令天下有所感应，故此一牵动根本，百条分枝便会相应摇动，好像春天的雨水灌溉万物，都是浑浊地流动，充沛地供应着，没有地方得不到湿润，没有生物不生长。所以圣人顺着天意，发出的声音便能感化天下了。所以人的内心有精诚的感情，他的形气便能感动天，便可看到祥瑞的景星，黄龙会降下，吉祥的凤凰也会飞至，甘美的泉水涌出，优质的谷物生长，黄河不会满泻，海洋不会波涛汹涌。故《诗经》说：“用祭祀安抚山川百神，兼及黄河及高山。”

故凡可度者，小也；可数者，少也。至大，非度所能及也；至众，非数之所能领也。故九州岛不可顷亩也[1]，八极不可道里也，太山不可丈尺也，江海不可斗斛也[2]。

注释

1 九州岛：古代划分天下为九个行政区域，称为“九州岛”。“九州岛”的划分有多种说法，如禹贡九州岛、尔雅九州岛、周礼九州岛等。现时较多采用周礼九州岛，即扬、荆、豫、青、兖、雍、幽、冀、并。

2 斗斛（hú）：体积容量的单位，十升为一斗，十斗为一石。古代以十斗为一斛，后改为五斗为一斛。

译文

故此凡是可以被量度的东西，都是细小的；凡是可以点数的东西，都是少的。最大的物体是不可能被量度的，最多的东西是不可能被点数量化的。所以九州岛不能用顷亩来计算，八方极远处不能用道里来量度，泰山不能用丈尺来量度，江海的水不能用斗斛去度量计算。

故大人者，与天地合德，日月合明，鬼神合灵，与四时合信。故圣人怀天气，抱天心，执中含和，不下庙堂而衍四海1，变习易俗，民化而迁善，若性诸己，能以神化也。

注释

1 衍：延及，影响。

译文

故此有道德的伟大人物，与天地的道德融合，与日月一样光明，与鬼神一样灵验，与四季一样准确信实。所以圣人怀着上天的和气，抱着天地的仁心，执持着中庸，含养着融和的大道，不离开朝廷就能把恩泽延及四海，变更风俗，感化人民，使他们变得善良，却好像变化是来自人民自己的天性般，这是因为圣人能够用精神使人变化。

赏析与点评

大人是指最有德行的人，他们能够依从宇宙的道理而做人行事，光明磊落，是人民的行为楷模。

民有好色之性，故有大婚之礼；有饮食之性，故有大飨之谊[1]；有喜乐之性，故有钟鼓筦弦之音；有悲哀之性，故有衰绖哭踊之节[2]。故先王之制法也，因民之所好，而为之节文者也。因其好色而制婚姻之礼，故男女有别；因其喜音而正《雅》、《颂》之声，故风俗不流；因其宁家室、乐妻子，教之以顺，故父子有亲；因其喜朋友而教之以悌，故长幼有序。然后修朝聘以明贵贱[3]，飨饮习射以明长幼，时搜振旅以习用兵也，入学庠序以修人伦[4]。此皆人之所有于性，而圣人之所匠成也。

注释

1 大飨之谊：宴饮的礼仪。谊，通“仪”。

2 衰绖（dié）：指整套孝服。衰，用麻布制造的孝服，穿搭在前胸。绖，长条布带，系在腰间及头上。哭踊：哭泣跳跃，丧礼仪节。

3 聘：诸侯与天子之间，或诸侯与诸侯之间，派遣使节拜访问候，有一套标准礼仪。

4 庠（xiáng）序：古代的学校。

译文

人有爱好情欲的本性，故此制定大婚的礼仪；人有饮食的本性，故此制定宴飨的礼仪；人有喜乐的本性，故此制定钟鼓管弦乐器；人有悲哀伤感的本性，故制定服孝哭丧的礼节。所以先王制定了各种礼法，都是因应人民的爱好而设立礼节文词。因应人民爱好情欲的本性，便制定婚姻的礼仪，故而有男女的分别；因应喜爱音乐的本性，而制定纯正的《雅》、《颂》歌韵，故此风俗不至于淫乱；因应人们希望有安宁的家庭、妻儿和乐的愿望，教导大家孝顺，故此父子之间充满亲情；因应人们有爱交朋友的愿望，教导大家敬老护幼之悌，故此长幼有秩序。然后制定君主和诸侯之间的朝见礼节，以分清贵贱；规定乡饮酒和习射的礼节，用来分清楚长幼次序；定时阅兵，整顿军队，以学习用兵；让子弟入学校读书，以培养人伦礼义的关系。这些都是因应人的本性，圣人加以培养教导，使人们成才。

赏析与点评

这里指出圣人明白人的天性，然后配合教育和礼乐，导民以善，让人性恰当地流露，让人们幸福快乐。

五行异气而皆适调，六艺异科而皆同道[1]。温惠柔良者，《诗》之风也；淳庞敦厚者，《书》之教也；清明条达者，《易》之义也；恭俭尊让者，《礼》之为也；宽裕简易者，《乐》之化也；刺几辩义者[2]，《春秋》之靡也[3]。故《易》之失鬼[4]，《乐》之失淫，《诗》之失愚，《书》之失拘，《礼》之失忮[5]，《春秋》之失訾[6]。六者，圣人兼用而财制之[7]。失本则乱，得本则治。其美在调，其失在权[8]。

注释

1 六艺：即下文所说的《诗》、《书》、《易》、《乐》、《礼》、《春秋》。

2 刺几：讽刺。义：通“议”。

3 靡：美好。

4 鬼：敬重鬼神。

5 忮：嫉妒。

6 訾：诋毁，无理中伤他人的声誉。

7 财制：判断，裁决。

8 权：权变。

译文

水、火、木、金、土五行有不同的气质，但彼此之间能够适当地调节；六艺属于不同的门类，但都有同一道理和目标。温雅、仁惠、柔和、善良，是《诗经》的风范；淳朴、庞大、敦实、厚道，是《尚书》的教导；清澈、明朗、条理、通达，是《易经》的要义；恭敬、俭约、尊重、忍让，是《礼经》的修养准则；宽厚、博裕、简易，是《乐经》的教化；讽刺议事、辨明是非，是《春秋》的美好意旨。故《易经》的失误是迷信鬼神，《乐经》的失误是渲染逸乐，《诗经》的失误是令人愚昧，《尚书》的失误是过于拘泥旧法，《礼经》的失误是令人有嫉妒，《春秋》的失误是使人中伤他人的声誉。这六种情况，圣人会兼备一切而采用精粹，判断其不良的作用。失去六艺的根本旨意就会乱事，得到六艺的根本就能办理好事情。六艺的美好在于能调和各种人际关系，失误在于随便变化和破坏其精神。

治大者道不可以小，地广者制不可以狭，位高者事不可以烦，民众者教不可以苛。夫事碎难治也，法烦难行也，求多难澹也。寸而度之，至丈必差；铢而称之[1]，至石必过[2]。石秤丈量，径而寡失[3]；简丝数米，烦而不察。故大较易为智[4]，曲辩难为慧。故无益于治而有益于烦者，圣人不为；无益于用而有益于费者，智者弗行也。故功不厌约，事不厌省，求不厌寡。功约，易成也；事省，易治也；求寡，易澹也。

注释

1 铢：古代的重量单位，二十四铢为一两。

2 石：重量单位，一百二十斤为一石。

3 径：直接。

4 大较：大的方法，大的道理。

译文

管治大事务的，治术不可以太琐碎；国土宽广的，其国的制度不可以太狭窄；身在高位的人，所管的事不可以太烦琐；人民众多的，教化他们时不可以太苛刻。事情琐碎就难以治理，法律烦琐就难于实行，要求过多就难于满足。每一寸都量度，量到一丈时必有偏差；每一铢都称量，量到一石的时候必定出差错。用石称物，用丈量物，简单直接而且少失误；挑选乱丝和数算米粒，烦琐而不易察觉失误。所以从大方面着眼容易运用智慧，执着于微小末节难以培育智慧。故此对管治无益，而增加烦琐小事的事，圣人不会做的；对实用无益并浪费时间的事，有智慧的人不会做。因此功业不会嫌太简约，大事不厌省略，要求不怕少。功业简约，容易完成；做事程序简省，容易治理；要求少，容易满足。

赏析与点评

所谓“夫事碎难治也，法烦难行也”，琐碎的事情往往不容易做得好，方法太复杂也不容易实行，所以本段亦指出“故无益于治而有益于烦者，圣人不为”，人们须认真判断事情的效益才做出决定。

故法者，治之具也，而非所以为治也，而犹弓矢，中之具，而非所以为中也。

译文

故此法律，只是治国的工具，并非治理好国家的条件，这好像弓箭，是射中目标的工具，并非射中目标的关键因素。

故不言而信，不施而仁，不怒而威，是以天心动化者也；施而仁，言而信，怒而威，是以精诚感之者也；施而不仁，言而不信，怒而不威，是以外貌为之者也。故有道以统之，法虽少，足以化矣；无道以行之，法虽众，足以乱矣。

译文

故此不说话已经树立诚信，不施恩惠已经令人感到仁爱，不动怒已经显出威严，这就是用天地的规律而产生的变化。施恩惠后流露出仁爱，说话后显出诚信，发怒后表现威严，这就用人的精诚来感化人。施恩惠后却流露不出仁爱，说话后却显不出诚信，发怒后却表现不出威严，这就是因为表面的行为。故有道德可以统摄一切，法令虽然少，但足以感化人民；没有道德的行为，法令虽然很多，但只会造成混乱。

治身，太上养神，其次养形；治国，太上养化，其次正法。神清志平，百节皆宁，养性之本也；肥肌肤，充肠腹，供嗜欲，养生之末也。民交让争处卑，委利争受寡，力事争就劳，日化上迁善而不知其所以然，此治之上也。利赏而劝善，畏刑而不为非，法令正于上而百姓服于下，此治之末也。

译文

修身，最重要是蓄养精神，其次是炼养形躯；治国，最重要是教养化育，其次是善用正确的法律。精神清明，意志平和，全身的关节都会安宁，这是调养心性的根本；肌肤健美，填满肚腹，满足欲望，这是养生的末节。人民交往礼让，争着处于谦卑的位置；分配利益时，都争着接受较少利益；努力做事，争着付出劳力。每天上进向善，慢慢变得善良却不知道是什么原因，这是治术的上乘方法。依靠利益来赏赐，劝导人们行善，百姓畏惧刑罚而不敢胡作非为，上级颁布法律政令，老百姓在下服从，这是治术的下等。

诚决其善志，防其邪心，启其善道，塞其奸路，与同出一道，则民性可善，而风俗可美也。所以贵扁鹊者，非贵其随病而调药，贵其擪息脉血[1]，知病之所从生也。所以贵圣人者，非贵随罪而鉴刑也，贵其知乱之所由起也。若不修其风俗，而纵之淫辟，乃随之以刑，绳之以法，虽残贼天下，弗能禁也。

注释

1 擪（yè）息：用手按压脉象，即中医的把脉。

译文

要坚决守护一个人的善良天性，防止萌生邪恶意念，便要开发其向善的道路，阻塞奸邪之路，都朝善道而行，那么人的性情便会善良，社会风俗可以变得美善了。所以人们看重扁鹊，并非他能够治病开药方，而是看重他能够通过把脉知道导致疾病的原因。因此人们看重圣人，并非看重他能根据罪行来用刑，而是看重他知道社会动乱的原因。如果不修缮社会的风俗，放纵淫荡的行为，然后以刑法惩罚人，以法令制裁犯人，那么贼人就满天下，不能禁绝了。

赏析与点评

如果根据上文所述，现时的教育和法制便出现了问题，因为现时社会既以教育教化人们，又用法律阻吓百姓，两种方法互相补足。然而《淮南鸿烈》却认为应“诚决其善志，防其邪心，启其善道，塞其奸路”才是真正抵挡千百种奸邪的方法，即引导和释放人们的善良本性，防范邪恶的心，集中政府的力量做善德的事，这才是简约有效的做法，而非以刑法惩罚人。

禹以夏王，桀以夏亡；汤以殷王，纣以殷亡。非法度不存也，纪纲不张，风俗坏也。三代之法不亡，而世不治者，无三代之智也。六律具存，而莫能听者，无师旷之耳也。故法虽在，必待圣而后治；律虽具，必待耳而后听。故国之所以存者，非以有法也，以有贤人也；其所以亡者，非以无法也，以无贤人也。

译文

大禹用夏朝的法统而称王，桀也是用夏朝的法统却最终覆亡；商汤用殷代的法统而成王，纣王也是用殷的法统却最终覆亡。这不是因为法律制度不存在，而是因为纪律和道德纲常不振，社会风俗败坏了。夏、商、周三代的法律没有灭亡，可是世道不能管治好，是因为后代没有这三代圣王的智慧。六律音韵仍然存在，可是人们听不懂，是因为没有师旷那样灵敏的耳朵。故此法令虽然存在，却必定要等待圣贤出现后才有良好的管治；音律虽然具备，却必须等待师旷那种灵敏的耳朵才可以听得到。因此国家的存在，不是因为有法律，而是因为有贤明的人；国家之所以灭亡，不是因为没有法律，而是因为没有贤明的人。

赏析与点评

此段认为单方面谈法治是没有效用的，“故法虽在，必待圣而后治”，贤人才是国家兴盛的首要条件，所以国家要培养人才，挽留人才。

民无廉耻，不可治也；非修礼义，廉耻不立。民不知礼义，法弗能正也；非崇善废丑，不向礼义。无法不可以为治也；不知礼义不可以行法。法能杀不孝者，而不能使人为孔、曾之行[1]；法能刑窃盗者，而不能使人为伯夷之廉。孔子弟子七十，养徒三千人，皆入孝出悌，言为文章，行为仪表，教之所成也。墨子服役者百八十人，皆可使赴火蹈刃，死不还踵，化之所致也。

注释

1 曾：曾子，孔子的弟子，以孝闻名。

译文

人民如果没有廉耻之心，就无法被治理；如果不修治礼义，廉耻的观念就不能树立。如果人民不知道礼义，法律就不能够使人正直忠信了；如果不崇尚良好的风气，废弃罪恶，人民就不会讲究礼义。没有法律，固然不能管治国家；人民不知礼义，就推行不了法律。法律能够杀死不孝的人，但不能够令人做到像孔子、曾子那样的孝义行为；法律可以惩罚偷窃的盗匪，但不能令他们做到像伯夷那样的廉洁操守。孔子有门生七十人，经他教导过的学生有三千人，都能够入家孝敬父母，出外悌爱朋友，言语出口成文，行为都是礼仪的模范，这都是教育造成的。墨子的门徒有一百八十人，个个都能够赴汤踏刀，不顾生死，这是教化所导致的。

赏析与点评

此段赞扬孔子和墨子的教化工作，进一步指出教育感化的工作非常重要，可补法律的不足。

故智过万人者谓之英，千人者谓之俊，百人者谓之豪，十人者谓之杰。明于天道，察于地理，通于人情，大足以容众，德足以怀远，信足以一异[1]，知足以知变者，人之英也。德足以教化，行足以隐义，仁足以得众，明足以照下者，人之俊也。行足以为仪表，知足以决嫌疑，廉足以分财，信可使守约，作事可法，出言可道者，人之豪也。守职而不废，处义而不比[2]，见难不苟免，见利不苟得者，人之杰也。英俊豪杰，各以小大之材处其位，得其宜，由本流末，以重制轻，上唱而民和[3]，上动而下随，四海之内，一心同归，背贪鄙而向义理，其于化民也，若风之摇草木，无之而不靡。

注释

1 一异：统一差异，共同接受。

2 比：结党。

3 唱：通“倡”，倡议，讲述意见。

译文

故此智慧超过万人的称为“英”，智慧超过千人的称为“俊”，智慧超过百人的称为“豪”，智慧超过十人的称为“杰”。明了天道，洞察地理，精通于人的性情，心胸宽大可以容纳众人，道德足以心怀远志，诚信足以统一差异，智慧足以知道事物的变化，这是人中的“英”才。道德足以教化人，行为内藏公义，仁爱足以得到众人的赞美，英明足以启发他人，这是人中的“俊”才。行为足以成为榜样，智慧足以解决疑难，廉洁足以担任分赠财产之任，诚信足以遵守盟约，做事可以被人效法，说话都是有道理的，这是人中的“豪”才。坚守职责而不荒废，处理公义而不结党营私，遇到困难而不苟且逃避，见到利益不会谋取，这是人中的“杰”才。英、俊、豪、杰等四种人才，各自按自己不同大小的才能而处于自己的位置，各得其宜，这样能由根本至最微末，分开重先轻后，在上位的倡议，人民便附和，在上位的有所行动，下面便跟随，四海之内所有老百姓都一条心向着他，背弃贪婪卑鄙的行为，心向公义和道理。这样来教化人民，好像微风摇动草木，没有草木不倾伏。

故圣主者举贤以立功，不肖主举其所与同。

译文

最优秀的领导者和圣主，选择道德才能兼备的下属，使他们建功立业，糊涂的领导和君主，则选择应声同气的奸臣。

夫知者不妄发，择善而为之，计义而行之，故事成而功足赖也[1]，身死而名足称也。虽有知能，必以仁义为之本，然后可立也。知能蹐驰[2]，百事并行。圣人一以仁义为之准绳，中之者谓之君子，弗中者谓之小人。君子虽死亡，其名不灭；小人虽得势，其罪不除。使人左据天下之图而右刎喉，愚者不为也，身贵于天下也。死君亲之难，视死若归，义重于身也。天下，大利也，比之身则小；身之重也，比之义则轻；义所全也。

注释

1 赖：留下。

2 蹐（jí）：双脚紧挨贴近，小步行走。君子谨慎走路的方式。

译文

智者不会鲁莽行动，他会选择善良的事而做，考虑到是仁义的事才做，故此事情成功而足以留下善事，死后他的名声值得被人称颂。虽然有智慧和能力，必定以仁义为根本，然后才可以顶天立地。有智慧才能，仍然小心谨慎，不同事物都处之泰然。圣人只用仁义作为标准，合仁义的称他为君子，不合仁义的称之为小人。君子虽然死去，但他的名声不灭；小人虽然得势，但他的罪行恶名不能除掉。假如让人左手拿着占据天下的版图而右手自刎咽喉，愚蠢的人也不会做，因为生命比天下重要。但是有人为了君主或自己的父母亲而牺牲生命，视死如归，是因为忠义比生命重要。拥有天下，是很大的利益，比起生命则显得微小；生命很重要，却比道义为轻。（人们舍弃生命，）正是为了保存道义。

欲成霸王之业者，必得胜者也；能得胜者，必强者也。能强者，必用人力者也。能用人力者，必得人心者也。能得人心者，必自得者也。

译文

想成就霸主大业的人，必定是得到胜利的人；能够得到胜利的人，必定是强者；能够成为强者，必定是善于运用人力的人；能够运用人力的人，必定是得到人心的人；能够得到人心的人，必定是自身修养有所得的人。

治之所以为本者，仁义也；所以为末者，法度也。凡人之所以事生者，本也；其所以事死者，末也。本末，一体也；其两爱之，一性也。先本后末谓之君子，以末害本谓之小人。君子与小人之性非异也，所在先后而已矣。

译文

治国的最根本，是用仁义；最末节的，是用法律制度。一个人做事之所以能够生生不息，是因为从根本上去做；事情之所以步向死亡，因为在末节上去做。根本和末节，原是一体的；对两者都要爱护，是人的天性。把根本视为首要，视末节为次要，这人称为君子；以末节来伤害根本，这人称为小人。君子和小人的本性没有差异，只是把本与末放在先后不同的位置而已。

赏析与点评

治理身心和国家的方法是相同的，都以仁义道德为根本。

故仁义者，治之本也，今不知事修其本，而务治其末，是释其根而灌其枝也。且法之生也，以辅仁义，今重法而弃义，是贵其冠履而忘其头足也。故仁义者，为厚基者也。不益其厚而张其广者毁，不广其基而增其高者覆。赵政不增其德而累其高[1]，故灭；智伯不行仁义而务广地[2]，故亡其国。

注释

1 赵政：秦始皇嬴政。

2 智伯：春秋末年晋国的大夫荀瑶，非常贪婪，侵占别人的土地，最终被赵、魏、韩三家消灭瓜分。

译文

故此仁义是治国的根本，现今不懂得改善根本，而致力在末节上，等于放弃根本而只灌溉树枝。而且法律的产生，是用来辅助仁义，现今注重法律而放弃仁义，这等于注重冠帽和鞋履而忘记头和脚。所以仁义，是治国最厚实的基础。如果不增加它的厚实基础而只扩张其广度，房屋便会毁坏，不扩张基础而只增加高度，房屋便会倾覆。秦始皇不增加他的道德而在末节上层层迭高，因而灭亡；晋国智伯不行仁义，只致力增加土地，因而导致国家覆亡。

故仁知，人材之美者也。所谓仁者，爱人也；所谓知者，知人也。爱人则无虐刑矣，知人则无乱政矣。治由文理[1]，则无悖谬之事矣；刑不侵滥，则无暴虐之行矣。上无烦乱之治，下无怨望之心，则百残除而中和作矣，此三代之所昌。

注释

1 文理：礼义。

译文

故此仁义和智慧是人最美好的品质。所谓“仁”，就是爱人；所谓“智”，就是明白别人。爱人就不会用刑罚虐待他人，明白别人就不会毁乱德政。以礼义治国，便没有悖乱谬误的事；不滥用刑罚，就没有暴行虐待的行为。在上位者没有烦扰杂乱的治术，下面的人民便没有怨恨的情绪，那么所有残缺之事都被消除，而中庸和谐运作畅顺，这就是尧、舜、禹三代昌盛的情况。

故《书》曰：『能哲且惠，黎民怀之。何忧讙兜，何迁有苗[1]。』智伯有五过人之材[2]，而不免于身死人手者，不爱人也。齐王建有三过人之巧，而身虏于秦者，不知贤也。故仁莫大于爱人，知莫大于知人。二者不立，虽察慧捷巧，劬禄疾力[3]，不免于乱也。

注释

1 “能哲且惠”四句：语出《尚书·皋陶谟》。

2 五过人之材：原注作：“美髯长大，一材也；射御足力，二材也；材艺毕给，三材也；巧文辩慧，四材也；强毅果敢，五材也。”

3 劬（qú）禄：劳苦忙碌。“劬”可能是“碌”的别字。

译文

故此《尚书》说：“君王如能有睿智且又施惠人民，黎民百姓必定怀念他。哪须忧虑欢兜这种奸臣，哪用迁徙有苗。”智伯有五种超过常人的才能，但却免不了死于他人手里，因为他不爱别人。齐王建有三种过人的技巧，仍然被秦国俘虏，因为他不懂得任用贤士。所以仁没有比爱人更大的，智慧没有比了解人性更大的，如果不具备这两种能力，即使观察力强、聪慧、敏捷、灵巧，劳苦忙碌，工作努力，社会仍然免不了混乱。

赏析与点评

所谓“能哲且惠，黎民怀之”，一般老百姓都很简单，只要主政者对他们有恩德，他们便会铭记于心。大圣大哲人用智慧替百姓解决困扰苦难，百姓必然会牢牢谨记，心存感恩。

不论是真人、圣人、君子，还是平凡人，人们都应该以修养个人的道德作为终身的目标，发挥才能，从而利人济世，使社会祥泰幸福。

卷二十一　要略

本卷导读

本卷是全书的概略大纲、序言，详细说明了本书的基本内容、写作目的、写作方法等。作者在此卷表示各章节的顺序都有特别的关联设想，而且互为牵引补充，达到层层推进的深入效果。

先秦的经籍，一般都把大纲、序言置于最后，例如《史记·太史公自序》和《庄子·天下篇》等，本卷《要略》也同样置于最后。本卷为每卷做了重点提示，建构出立体化的思维美景。本卷辞藻丰富，巧妙地运用优美而类似辞赋的句子，用不同角度去演绎哲理，把“言道”和“言事”两者互相交织起来。

夫作为书论者，所以纪纲道德[1]，经纬人事[2]，上考之天，下揆之地[3]，中通诸理。虽未能抽引玄妙之中才，繁然足以观终始矣。总要举凡，而语不剖判纯朴，靡散大宗[4]，惧为人之惽惽然弗能知也[5]；故多为之辞，博为之说，又恐人之离本就末也。故言道而不言事，则无以与世浮沉；言事而不言道，则无以与化游息。故著二十篇，有《原道》、有《俶真》、有《天文》、有《墬形》、有《时则》、有《览冥》、有《精神》、有《本经》、有《主术》、有《缪称》、有《齐俗》、有《道应》、有《泛论》、有《诠言》、有《兵略》、有《说山》、有《说林》、有《人间》、有《修务》、有《泰族》也。

注释

1 纪纲：纪律纲领，典章法度的规则。

2 经纬：原指纺织品的横直线，这里比喻治理和规划的普通法则。

3 揆（kuí）：审视，量度。

4 靡散：破碎而消灭，失去原来的宗旨。

5 惽惽（hūn）然：糊涂的样貌，暗昧不明。惽，同“惛”。

译文

著作本书的目的，是要以道德为纪律纲领和典章法度，阐释治理人事和规划的普通法则，往上考察宇宙，向下审视大地，中间通达所有人世道理。虽然不能提炼出玄妙的事物真谛，但其中涉猎的内容繁杂浩大，足够让人看到事物的开始和终结了。如果只是总括重要的道理，而不详尽分析事物各方面的观点，剖析事物的纯朴本质，就可能失去了事理原来的重要宗旨，恐怕人们糊糊涂涂而不能知悉事物的道理。故此本书言辞重复，广泛地解说，又恐怕人们因此远离根本而追求末节。故此论说道理而不配合人事，便无法把道运用到俗世的是非浮沉升降了；如果只谈论某一事件而不论述大道，便无法把事情融于天地之中了。故此著述此二十篇，它们有《原道》、《俶真》、《天文》、《墬形》、《时则》、《览冥》、《精神》、《本经》、《主术》、《缪称》、《齐俗》、《道应》、《泛论》、《诠言》、《兵略》、《说山》、《说林》、《人间》、《修务》、《泰族》。

赏析与点评

这篇《要略》编于原著之末，明显地表述了跟随传统“文以载道”的观点。作者希望借此书告诉人们只要依据天地宇宙的大道，明白其中的微妙法则，然后由此实践道德，便可以变化无穷，逍遥自在。

《原道》者，卢牟六合[1]，混沌万物[2]，象太一之容，测窈冥之深，以翔虚无之轸[3]，托小以苞大，守约以治广，使人知先后之祸福，动静之利害。诚通其志，浩然可以大观矣。欲一言而寤，则尊天而保真；欲再言而通，则贱物而贵身；欲参言而究[4]，则外物而反情。执其大指，以内洽五藏[5]，瀸涩肌肤[6]，被服法则，而与之终身，所以应待万方，览耦百变也[7]。若转丸掌中，足以自乐也。

注释

1 卢牟：视察探究。

2 混沌：宇宙还没有开始运作的时候，一切事物混作一团，迷迷糊糊，像一团混合的气体，那时还没有分阴阳。

3 轸（zhěn）：车厢底部的横木，可解作田间小路"畛"。

4 参：应是"叁"字的相通或误写。

5 洽：滋润。

6 瀸涩（jiān sè）：浸润。"涩"疑为"渍"。

7 览耦（ǒu）：观察通彻。

译文

《原道》篇，考察前后左右上下六个方位，探究万物还未运行的混沌状态，像太极开始的形象，探测大道幽深暗淡的极端，飞翔于虚无的小路上，精神寄托在小处却能包容广大，守持简约的办法来治理更广阔的事物，使人们懂得祸福的先后次序，动静之间的利害关系。如果真的通达这些旨意，便可以变得心胸广阔，眼光宽大。想用一句话来领悟道理，那就是尊崇天地，保持纯真的人性和生命；如果想再用第二句话来说明道理，那就是轻视物质而珍重自身；如果想用第三句话来深究道理，那就是放弃外物而返回内心的真性情。掌握住这些要旨，以此来滋润人体五脏，浸润肌肤，依循这些法则，终身不离弃，就能够应付和解决万事万物，观察看清事情的变化，就像用手掌转动一颗小珠，足以自得其乐了。

赏析与点评

“道”这门学问，蕴藏着宇宙的真理和人生意义。人已经被物质欲望等熏染，我们必须消除自我的执着，重返天然的心性和真情。

《俶真》者，穷逐终始之化，嬴埒有无之精[1]，离别万物之变，合同死生之形。使人遗物反己，审仁义之间，通同异之理，观至德之统，知变化之纪，说符玄妙之中，通回造化之母也[2]。

注释

1 嬴：周密。埒（hū）：细致。

2 造化之母：即太一元气。

译文

《俶真》篇，彻底追逐宇宙的原始和终极的变化过程，周密细致地剖析有形的万物与无形演变而来的精深道理，分辨万物的变化，融合生死两种形态。使人超脱外物而返回自己的本真，审查仁义之间的问题，贯通其中异同的真理，观察最高德行的统率地位，了解事物变化的规律，解说符验玄妙的现象，通达返回天地诞生时的太一元气状态。

《精神》者，所以原本人之所由生，而晓寤其形骸九窍，取象与天，合同其血气，与雷霆风雨，比类其喜怒，与昼宵寒暑并明，审死生之分，别同异之迹，节动静之机，以反其性命之宗，所以使人爱养其精神，抚静其魂魄，不以物易己，而紧守虚无之宅者也。

译文

《精神》篇，是探究人的性命由来，从而领悟到形躯九窍的不同功能乃仿效天空，人的血气流淌与雷电风雨相同，人的喜怒情绪与日夜寒暑变化同样分明，审视死与生的分界，分别相同和不同的形迹，从而调节人活动和安静的时机，让人返回生命的根本，所以令人爱护保养自己的精神，安抚自己的魂魄，不因外物而改变自己，紧守精神于虚无的大宅中。

《本经》者，所以明大圣之德，通维初之道，埒略衰世古今之变[1]，以褒先世之隆盛，而贬末世之曲政也。所以使人黜耳目之聪明，精神之感动，樽流遁之观[2]，节养性之和，分帝王之操，列小大之差者也。

注释

1 埒略：相同归类，比较区别。

2 樽（zǔn）：通“撙”，节制，省俭。

译文

《本经》篇，用以使人明白神圣的德行，通晓最初的宇宙大道，分辨道德从古到今盛衰的变化，从而褒扬古圣先王的兴隆盛世，同时贬挫末世的衰败政治。所以使人除掉自己耳目的聪明，避免精神受外物触动，抑制使人精神流散的物欲，调节修养性情的中和之气，分清帝王的情操，罗列道德的大小差异。

赏析与点评

《淮南鸿烈》作者认为人应该德才并重，并且以道德为先。在上位者必须遵从大道而行，并且要重视以往圣王的历史教训，因为没有道德的人坐上高位，便会令下属及平民百姓受苦；高官如只有才能而没有道德，社会国家便会变得一团糟，其情况比一个平庸的人当官更坏。

《主术》者，君人之事也，所以因作任督责，使群臣各尽其能也。明摄权操柄，以制群下，提名责实，考之参伍[1]，所以使人主秉数持要，不妄喜怒也。其数直施而正邪，外私而立公[2]，使百官条通而辐辏[3]，各务其业，人致其功。此主术之明也。

注释

1 参伍：“参”是“三”，指天、地、人三才。“伍”指君臣、父子、夫妇、长幼、朋友五伦。

2 外：抛弃。

3 条通：条理分明，顺利畅通。辐辏（fú còu）：原指车轴的中心，比喻集中。

译文

《主术》篇，是国君统治的方法，用来告诉君主任命及督导官员，使群臣各尽所能的。说明君主应该拥有权力以控制群臣，根据官员的职称，要求他们完成工作以做到名副其实，考据他们三才五伦的人际关系，从而让君主掌握臣下的术数和要点，不能鲁莽表露喜怒之色。这种术数是要使弯曲的变直，邪曲的变正，摒弃私心而定立公义制度，使百官条理分明地集中到君主身边，各尽其职，人人都建立功绩。这是君主高明的治术。

赏析与点评

《淮南鸿烈》所提出的管理方法十分有条理，而且配合人性来观察，当中认为主管人员应用各种技术调节人情与事理，并且讲求顺畅的效率，可说是非常系统化，切合现代管理的大原则。

《兵略》者，所以明战胜攻取之数，形机之势[1]，诈谲之变，体因循之道，操持后之论也[2]。所以知战阵分争之非道不行也，知攻取坚守之非德不强也。诚明其意，进退左右无所失击危[3]，乘势以为资，清静以为常，避实就虚，若驱群羊，此所以言兵者也。

注释

1 形机：形势机变。

2 持后：保持后发制敌的优势。后发的好处是已知道敌人移动后的弱点，从而可快速攻击，打败敌人。

3 失：王念孙认为是衍文。击危：挂碍。“击”当作“系”，“危”当作“诡”。

译文

《兵略》篇，是用来阐明战争取胜，进攻夺地的术数，战争形势的机变，诈伪变化的手段，以及体察依循自然之道和原则，把握后发制胜的理论。这样可以知道战阵对垒时，不依据大道的原理是行不通的，进攻或坚守时，没有道德是不会强大的。如果真的明悟其中的意义，进攻和退守左右便没有挂碍，乘着气势作为资源，内在以清静作为常法，避开敌人的实力，攻取其松懈的地方，就好像驱赶羊群一样得心应手，这就是论说战争的道理。

赏析与点评

古代战争中，军队往往要说明自己拥有道德理据，是正义的雄师，因为出师有名，可激励军队的士气。

凡属书者，所以窥道开塞，庶后世使知举错取舍之宜适，外与物接而不眩，内有以处神养气，宴炀至和1，而已自乐所受乎天地者也。

注释

1 宴：平。炀（yàng）：温暖。

译文

一般著书之目的，是为了窥探大道的开合哲理，令后世的人知道怎样的举止取舍才是正确合适的，接触外物而不致迷惑昏眩，对内懂得修养精气神，平顺温暖、和谐祥瑞，自己享受着天地本性所给予的快乐。

故言道而不明终始[1]，则不知所仿依；言终始而不明天地四时[2]，则不知所避讳；言天地四时而不引譬援类[3]，则不知精微；言至精而不原人之神气[4]，则不知养生之机；原人情而不言大圣之德[5]，则不知五行之差；言帝道而不言君事[6]，则不知小大之衰；言君事而不为称喻[7]，则不知动静之宜；言称喻而不言俗变[8]，则不知合同大指；已言俗变而不言往事，则不知道德之应[9]；知道德而不知世曲[10]，则无以耦万方；知泛论而不知诠言[11]，则无以从容；通书文而不知兵指[12]，则无以应卒[13]；已知大略而不知譬喻[14]，则无以推明事；知公道而不知人间[15]，则无以应祸福；知人间而不知修务[16]，则无以使学者劝力。欲强省其辞，览总其要，弗曲行区入[17]，则不足以穷道德之意[18]。故著书二十篇，则天地之理究矣，人间之事接矣，帝王之道备矣。

注释

1 言道：指《原道》篇。明终始：前后的关联。指《俶真》篇。

2 明天地四时：指《天文》、《墬形》和《时则》三篇。

3 引譬援类：指《览冥》。

4 原人之神气：指《精神》篇。

5 大圣之德：指《本经》篇。

6 君事：指《主术》篇。

7 为称喻：指《缪称》篇。

8 言俗变：指《齐俗》篇。

9 道德之应：指《道应》篇。

10 知世曲：指《泛论》篇。

11 知诠言：指《诠言》篇。

12 兵指：指《兵略》篇。

13 卒：通“猝”，突发事件。

14 知譬喻：指《说山》及《说林》二篇。

15 人间：指《人间》篇。

16 知修务：指《修务》篇。

17 曲行区入：婉转曲折地引入道理之内。

18 穷道德之意：主要指《泰族》篇，兼指全书的主旨。

译文

故此只谈论大道而不阐明其始末，便不知道学习仿效什么；只谈论事物的始末而不明白天文、地理和四季，便不知道如何避开忌讳；只谈论天文地理四季而不做模拟分析，便不知道事物间精微奥妙之处；只谈论事物的精妙情况而不探究人的精神血气，便不知道养生的秘诀；只探索人类本原的性情而不谈论圣贤的德行，便不知五行各有差异；只谈论帝王之道而不讲述君主治国的方法，便不知道治术大小层次的分别；只谈论君王的事而不引用实例比喻，便不知道动静如何适宜；只引用实例比喻而不研究世俗的变化，便不知道合乎应用的大原则；只谈论世俗的变迁而不谈以往的事，便不明白道德的应验；只明白道德而不了解世情的曲折，便不能应付世界的万象；只知道广泛的论说而不懂得详细诠释，便无法从容不迫；只通晓文书典籍而不知道用兵之法，便不能应付突发危机事变；只知道整体的大略要旨而不知道譬喻，便不能真正明白事理；只明白大道理，而不知人间的琐碎事务，便不能应付祸福的来临；只知道人间祸福而不知道修业务实，便不能劝导人们努力勤学。如果想勉强省略言辞篇幅，概括要旨而不曲折婉转地讲述，便不能详尽呈现道德的意涵。所以，著书二十篇使天地宇宙的道理得以深究，人间的万事得以接合，帝王之道便完备了。

赏析与点评

这段顺着了解大道的开始，指出人生应该学习的各种知识，包括天文、地理、兵法、养生之道、人情事理等等。作者认为只有透彻地掌握这些知识，才能成为一位具备通识能力的智者，如能同时坚守道德，便可成为德才兼备、顶天立地的真君子，甚至成为一位将帅帝王的人才。只要时机合适，就能展露文韬武略的才华，济世利人，完满人间的道德功业。

名句索引

二画

三画

四画

五画

六画

七画

形者，生之舍也；气者，生之充也；神者，生之制也。一失位，则三者伤矣。／／051
体太一者，明于天地之情，通于道德之伦。／／156
君子者乐有余而名不足，小人乐不足而名有余。／／191
吾知道之可以弱，可以强；可以柔，可以刚；可以阴，可以阳；可以窈，可以明；可以包裹天地，可以应待无方。／／216

八画

所谓无为者，不先物为也；所谓无不为者，因物之所为。／／040
鱼相忘于江湖，人相忘于道术。／／057
制度阴阳，大制有六度：天为绳，地为准，春为规，夏为衡，秋为矩，冬为权。／／108
明堂之制，静而法准，动而法绳。／／110
法者，非天堕，非地生，发于人间而反以自正。／／176
国之所以存者，仁义是也；人之所以生者，行善是也。国无义，虽大必亡；人无善志，虽勇必伤。／／180
物盛而衰，乐极则悲，日中而移，月盈而亏。／／227
所谓道者，体圆而法方，背阴而抱阳，左柔而右刚，履幽而戴明，变化无常，得一之原，以应无方，是谓神明。／／261
所谓四义者，便国不负兵，为主不顾身，见难不畏死，决疑不辟罪。／／271

九画

十画

十一画

十四画

静漠恬澹，所以养性也；和愉虚无，所以养德也。／／068

十五画

稽古太初，人生于无，形于有，有形而制于物。能反其所生，故未有形，谓之真人。／／241

德均则众者胜寡，力敌则智者胜愚，势侔则有数者禽无数。／／267

十七画

隳支体，黜聪明，离形去知，洞于化通。是谓坐忘。／／225

中信国学大典

淮南鸿烈

导读及译注
潘树仁
香港中知书院客座教授，人文学会客座教授及课程部副主任，香港专业教育学院客座讲师，济川文化研究会德育礼仪及生命教育课程总监。主要从事传统中华文化的现代应用研究，包括通识、生命教育、德育、管治学、水文化、文字学、气功等，并在两岸四地发表多种相关学术论文。著作有《济川・水的科学与哲学》、《历海笙歌・萧大宗师吕明传奇一生》、《容叡集之一・文字创意学之廿字漫语》等。

哲学宗教

《周易》
《礼记・孝经》
《心经・金刚经》
《净土三经》
《六祖坛经》
《黄帝内经》
《孔子家语》
《颜氏家训》
《淮南鸿烈》
《传习录》
《近思录》
《围炉夜话》

历史地理

《左传》
《战国策》
《史记》
《汉书》
《后汉书》
《三国志》
《资治通鉴》
《盐铁论》
《贞观政要》
《山海经》
《水经注》
《人物志》

先秦诸子

《论语》
《孟子》
《老子》
《庄子》
《墨子》
《孙子兵法》
《韩非子》
《大学・中庸》
《荀子》
《管子》
《列子》
《鬼谷子》
《商君书》
《吕氏春秋》

文学

《诗经》
《楚辞》
《唐诗三百首》
《宋词三百首》
《元曲三百首》
《古文观止》
《世说新语》
《徐霞客游记》
《梦溪笔谈》
《搜神记》
《东坡志林》
《三字经・百家姓・千字文》

图书在版编目(CIP)数据

淮南鸿烈 / 潘树仁导读及译注. — 北京：中信出版社，2014.2（2017.3重印）
（中信国学大典）
ISBN 978-7-5086-4293-2
I.①淮… II.①潘… III.①杂家 – 中国 – 西汉时代 ②《淮南子》– 译文
③《淮南子》– 注释 IV.①B234.4
中国版本图书馆CIP数据核字（2013）第247387号

本书中文简体字版由中华书局（香港）有限公司授权中信出版社在中国大陆独家出版和发行

淮南鸿烈

导读及译注：潘树仁
策 划 推 广：中信出版社（China CITIC Press）
出 版 发 行：中信出版集团股份有限公司
（北京市朝阳区惠新东街甲 4号富盛大厦 2座 邮编 100029）
（CITIC Publishing Group）
承 印 者：北京通州皇家印刷厂

开 本：787mm × 1092mm 1/16　　印 张：23　　字 数：140千字
版 次：2014年2月第1版　　印 次：2017年3月第3次印刷
京权图字：01-2013-6927　　广告经营许可证：京朝工商广字第8087号
书 号：ISBN 978-7-5086-4293-2/F · 3045
定 价：45.00元

周易札记孝经心经金刚经净土三经六祖
坛经黄帝内经孔子家语颜氏家训淮南鸿
烈传习录近思录围炉夜话左传战国策史
记汉书后汉书三国志资治通鉴盐铁论贞
观政要山海经水经注人物志论语孟子老
子庄子墨子孙子兵法韩非子大学中庸荀
子管子列子鬼谷子商君书吕氏春秋诗经
楚辞唐诗三百首宋词三百首元曲三百首
古文观止世说新语徐霞客游记梦溪笔谈
搜神记东坡志林三字经百家姓千字文

周易礼记孝经心经金刚经净土三经六祖
坛经黄帝内经孔子家语颜氏家训淮南鸿
烈传习录近思录围炉夜话左传战国策史
记汉书后汉书三国志资治通鉴盐铁论贞
观政要山海经水经注人物志论语孟子老
子庄子墨子孙子兵法韩非子大学中庸荀
子管子列子鬼谷子商君书吕氏春秋诗经
楚辞唐诗三百首宋词三百首元曲三百首
古文观止世说新语徐霞客游记梦溪笔谈
搜神记东坡志林三字经百家姓千字文